古人直播室 ON AIR

跟著歷史上的超強KOL 一起瘋團購

吳玲——著

各界好評推薦

「無論是遙遙無期的貶謫仕途、雍容華貴的帝王生活。有趣的靈魂總能經得起歲月洗鍊，在歷史長河中玩出最獨特的風格。」

——江仲淵｜歷史說書人創辦人

「本書以我們熟悉的『直播帶貨』為喻，透過歷代流行教主的生命歷程，使我們得以一窺古人時尚生活的活色生香！」

——宋彥陞｜時空偵探、《世界古文明之旅》作者

「中國歷史名人跨時空與現代交流，將會是怎樣光景？本書腦洞大開，揭示他們各種的嬉笑怒罵、七情六慾。」

——普通人／Somebody Sue｜《非普通三國》作者

目錄

第一章 【先秦兩漢】當皇帝帶頭做起團購主

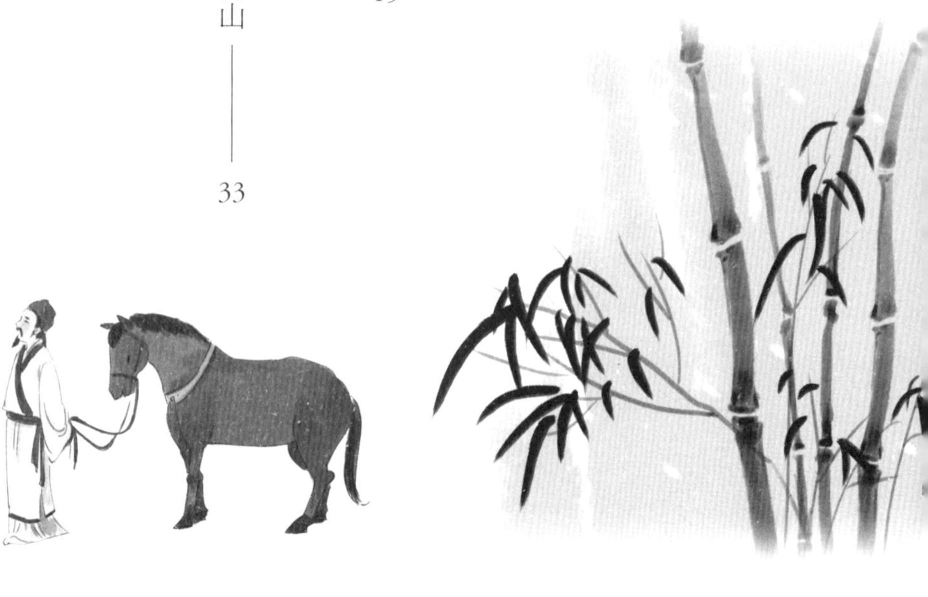

第二章 【三國兩晉】
該買梟雄的軍帽？還是美男的扇子？

第三章 【隋唐盛世】
謫仙人的購物車裡都放了什麼？

第一章

【先秦兩漢】當皇帝帶頭做起團購主

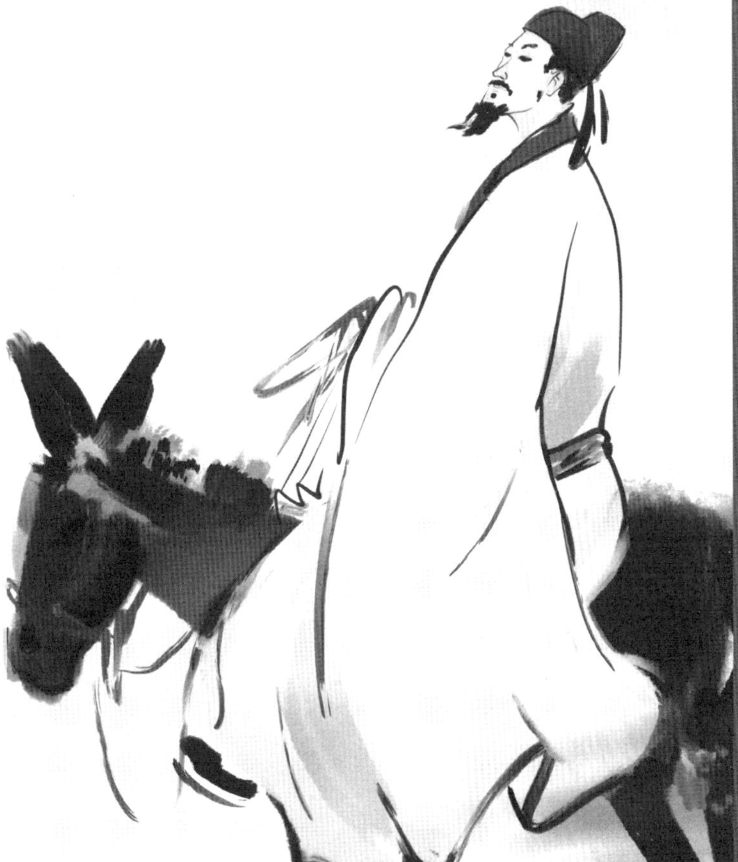

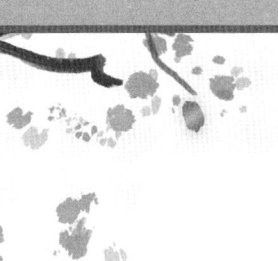

趙武靈王

直播通知，你家潮服已上線

直播主小檔案

姓名：趙雍（西元前三五六～前二九五年）
暱稱：站在浪尖上的男人
性別：男
主要成就：推行「胡服騎射」、滅亡「中山國」
IG：@ 胡服騎射第一人（追蹤者百萬＋）
YouTube：我帥我胡服（訂閱者百萬＋）
LINE 個性簽名：雄心勃勃，不甘寂寞
屬性：霸氣
愛好：治國、平天下、推廣胡服

趙雍，趙武靈王，趙國邯鄲（今河北省邯鄲市）人，戰國時期趙國的第六代君主，清末民初的政治改革家梁啟超稱之為「黃帝之後第一雄主」。

趙武靈王重視軍事管理，推行「胡服騎射」，不遺餘力推動軍力發展，到了戰國中後期，趙國已然成為足以與秦國抗衡的強國。不僅先後滅亡中山國，大敗林胡、樓煩兩族，開闢雲中、雁門、代三郡，還修築了「趙長城」。

許多帝王都恨不得能再向上天借五百年的壽命，好終生獨攬大權，永居萬人之上。但趙武靈王不同，他在年富力強的時候決定將王位傳給兒子趙惠文王，這一切都是為了趙國的軍國大計。

箇中緣由，還得從趙武靈王的愛情故事說起。趙武靈王的第一位夫人是韓王的女兒，夫婦育有一子，也就是公子章。公子章貴為太子，一出生就站在權力的巔峰。如果一切按部就班，沒那麼多戲劇化波折，公子章理應會接下老爸的權杖，成為眾臣擁戴的新君。可惜韓夫人先一步離開人世，而趙武靈王很快迎來了新的夫人——吳娃。這位吳夫人很賣力，也生了個兒子，名叫趙何，即後來的趙惠文王。說起來，吳夫人算得上稱職的妻子，不僅盡力服侍趙武靈王，也從不依恃著受寵而胡作非為。遺憾的是，她去世得也早。臨死前，吳夫人懇求趙武靈王立趙何為太子，趙武靈王當場一口答應。雖說立趙何為太子，最初只是為了哄妻子開心。但趙武靈王後來也有自己的盤算。

趙武靈王二十七年（西元前二九九年），趙武靈王將王位傳給趙何。其實，父親內心是這麼盤算的：兒子成為新君，幫他扛起國內政務，他能全心投入外交的軍事布局，父子共同治理國家，一個主內，一個主外，建構出合作無間的「二元」政治。況且，考慮到他不時征戰沙場，隨時可能在戰場上送命，為了避免政局動盪，提前扶持儲君也是未雨綢繆之舉。不過，他想得雖好，現實卻是殘酷的。正是因為他一手建立的「二元」政治，才埋下了引發日後趙國內亂的未爆彈。

趙惠文王四年（西元前二九五年），趙武靈王引發了一場激烈的權力之爭，並因而導致「沙丘之亂」（即沙丘宮變），遭兒子趙惠文王圍困於離宮長達三個月，最終活活餓死。他死後被追諡為「武靈」，後人稱為趙武靈王。

古人直播室

要說才藝，我來為大家表演一段騎射吧！看看我這姿勢，多麼標準；看看我這神態，多麼英武；看看我這衣服，多麼合身！熱愛運動的你不買套胡服感受一下嗎？趕快下單吧！

要說帝王帶團購，趙武靈王絕對是大咖中的大咖，幾乎可說是「強迫」團購的創始人。光是在「胡服騎射」這四個字上，他就做足了文章，竭盡全力向臣民吆喝這款服裝多好、穿上後騎射多輕便，立時讓胡服躍為當季最流行的熱賣商品，誰要是衣櫃裡沒一套胡服，那就是跟不上時代。

但要掀起團購熱潮並非那麼容易，哪怕是權力滔天的君主，仍得動動腦筋。比如趙武靈王，他才萌生推廣「胡服騎射」的念頭，就遭到滿朝文武群起抵制，而且一個比一個激烈，還有人恨不得以死來相逼。儘管推廣初期受挫，不過，趙武靈王可不是個容易氣餒的君王。這時，心腹重臣肥義也看不下去了，便站出來苦口婆心地勸說趙武靈王別放棄，沒必要顧慮旁人的看法，改革就得懷著義無反顧的決心。一面安慰趙武靈王，肥義一面遊說朝中反對的大臣：「自古以來，優秀的領袖都能屏棄國族偏見，對於異域、異族的優秀文化和習俗，也能全盤接受。好比我們的君王，就勇於取法北方遊牧民族的優良文化和習俗。」

胡服騎射這段歷史非常有名，《戰國策》、《史記》、《資治通鑑》中都不惜筆墨，洋洋灑灑記錄甚詳。據《戰國策・趙策二》記載：「今吾（趙武靈王）將胡服騎射以教百姓。」《史記・趙世家》也記載：「十九年春正月，大朝信宮，召肥義與議天下，五日而畢……於是遂胡服矣。」那麼，到底什麼是「胡服騎射」？說白了就是讓趙國的老百姓穿上胡人的服裝，這在當時可謂是相當大膽前衛的想法。為什麼趙武靈王如此執著於胡人的服飾？原因就在於胡服衣短袖窄，騎馬射箭十分方便。

趙武靈王之所以竭盡所能地推胡服，也是因為被打怕了。起初，趙國還是小國，實力相當弱小，哪怕同樣是小國的中山國，也敢給他們下馬威，更別說兵強國富的秦國了，侵門踏戶有如家常便飯。後來，個性好強的趙武靈王再也忍受不了，便痛定思痛，下定決心要讓自己的國家成為強國。而想要變強，就得先增強武力，因此不得不從穿胡服、學騎射開始。

這可不是心血來潮，而是趙武靈王對遊牧民族研究考察後，才做出的重大決定。趙國地理位置特殊，處於無險可守、四面受敵的四戰之地，北部邊疆與戎狄部族接壤，而戎狄作為遊牧民族，騎射機動靈活，軍事實力一流。因此，趙武靈王有了一個大膽的想法：讓軍隊穿胡服，老百姓也穿胡服。

平心而論，趙武靈王是個極具主見的君王，也十分明白要讓老百姓願意穿胡服的關鍵是什麼：絕不能光是出一張嘴推廣，還得「直播穿搭」才行。於是，趙國多了一位穿胡服上朝的君主，這意思就是別光聽我說，也多看看我怎麼做，畢竟一國之君就是自帶流量的ＫＯＬ，旁人看多了自然會仿效。「反正我先穿了，就看底下的官員怎麼做。」身先士卒這一招果然奏效，既然全國最強的ＫＯＬ都帶頭穿了，就算還有人想抵制，也擋不住百姓蠢蠢欲動的心。

然而，平日習慣了寬鬆舒適的衣服，忽然穿起合身的胡服，不僅心裡覺得怪，走起路來也是說不出的彆扭。老百姓敢怒不敢言，皇親國戚可不一樣，雖不敢直接頂撞，卻暗暗抵制。比如趙武靈王的叔父公子成，說什麼也不願意穿胡服，但皇帝一聲令下又不能不穿，索性向朝廷告了病假。不料，皇帝脾氣更硬，說道：「雖說您是長輩，但好歹我也是一國之君，您若不穿，就是不通曉大義。」

公子成一聽之下嚇出一身冷汗，第二天，火速痊癒，還精神抖擻地穿著胡服上朝。其餘大臣一看，如此具威望的王公都招架不住，我們再頑固抵抗又有什麼用？自此之後，舉國上下都穿起了胡服。

穿胡服到底好不好？當然好。胡服一穿，趙國的武力值快速攀升，早年受人欺負，如今終於可以一雪前恥，而頭號目標就是中山國。緊接著，趙國一路向西、往北擴張，沒過幾年，就已成功開疆闢土，成為當年除了秦國之外的超級強國。

採訪側記

記者：您今天的打扮是什麼風格呢？

趙武靈王：咦，我說每個人都得穿胡服，你不知道嗎？

記者：我……。

趙武靈王：快穿！不穿，我就拒絕受訪。

記者：穿穿穿，這就穿。您看我穿起來還合適嗎？

趙武靈王：當然合適！剪裁流暢，貼合腰身。一個字，好看！

記者：呃，這好像是兩個字……。
趙武靈王：會不會騎馬射箭？
記者：不……不會……。
趙武靈王：走，靶場見。
記者：我還沒採訪完呢！

【知識大補帖】

◉ 胡服：即胡人的服裝，以短裝搭配皮靴為主，腰間繫皮帶。

◉ 肥義：趙肅侯的重臣，趙武靈王繼位後由其輔政。思想開明，在趙武靈王推行「胡服騎射」遇到阻力時，極力勸說趙武靈王堅持改革，無需顧慮，促使趙武靈王立定改革的決心。日後又全力輔佐幼主趙何，在「沙丘之亂」中，為保護趙惠文王而遭殺害。

◉ 公子章：趙武靈王長子，與趙惠文王是同父異母兄弟。原為太子，後來父親趙武靈王寵幸吳娃，改立吳娃之子趙何為太子。西元前二九五年，趁著父親趙武靈王與弟弟趙惠文王在沙丘遊獵時，發動兵變，史稱「沙丘之亂」，然而最後僅殺害了大臣肥義，趙惠文王逃過一劫。

伯　樂

別買車了，專家的千里馬最節能！

直播主小檔案

姓名：孫陽（約西元前六八〇～六一〇）
暱稱：伯樂
性別：男
主要成就：發現千里馬
IG：@ 伯樂相馬（追蹤者百萬＋）
YouTube：伯樂相馬（訂閱者百萬＋）
LINE 個性簽名：千里馬常有，伯樂不常有，請珍惜我
屬性：相馬達人
愛好：相馬

伯樂本名叫孫陽，生於春秋時期。在中國的神祇信仰中，專管馬匹的神仙叫伯樂，因此，人們對於懂得辨別馬匹優劣的人，往往以伯樂相稱。由於孫陽對馬研究甚深，以至於人們大都稱呼他伯樂，慢慢就遺忘了他原先的名字。

在春秋時期，不論是生產力還是軍事發展，馬都具有十分重要的地位，處處可見馬的身影。當時，馬被分為六類：種馬，用來繁殖；戎馬，為軍用馬；齊馬，用於儀仗祭奠；道馬，是驛用；田馬，用於狩獵；駑馬，用於雜役。六類馬分工明確。

孫陽看中養馬、相馬在未來大有前途，就這樣毅然走上了職業相馬人的道路。在他之前，這個職業雖重要，卻尚未發展，也沒有任何關於相馬經驗的著作可以參考，想從事這一行，就只能自行摸索研究。

俗話說：「機會是留給準備好的人。」孫陽潛心研究，總結畢生經驗，終於完成中國歷史上第一部相馬學著作——《伯樂相馬經》，圖文並茂，被相馬從業者視為經典教科書。

古人直播室

我沒什麼其他才藝，就讓大家見識見識我相馬的工夫吧！各位請看，這匹馬前額隆起，體態勻稱，毛髮光亮，蹄子就像疊起的酒釀餅，這就是千里馬的特徵！

伯樂受楚王所託，四處尋找日行千里的駿馬。接受委託之前，伯樂先將醜話說在前頭：「這種千里馬並不常見，要想得到千里馬，就不能著急，得給我足夠的時間慢慢找。」楚王爽快地答應下來，便滿心期待著千里馬的到來。

伯樂向楚王告別後，馬不停蹄地在各個國家間奔波，費盡心思尋覓千里馬。當時，燕趙地區盛產名馬，伯樂自然不會放過，也深入當地察訪，可惜還是沒有找到滿意的馬匹。

從齊國返程的路上，伯樂顯得無精打采、悶悶不樂。他心想，忙了這麼久，連個千里馬的影子也沒看見。突然間，一輛鹽車從他眼前經過，車前的馬兒正氣喘吁吁地拉車上坡，每走一步都像要了牠的命似的。伯樂才走上前仔細打量，這匹馬似乎通人性，竟對著伯樂大聲嘶吼起來。伯樂一聽，這是一匹駿馬啊！

伯樂當下判定這是一匹千里馬之後，趕緊要駕鹽車的馬伕停下。他很清楚，這匹馬要是上了疆場，誰也比不過牠，但用來拉車，還不如一般的馬。他將這番想法向馬伕解釋，表示想買下這匹馬，沒想到馬伕痛快地答應了。因為馬伕只覺得眼前的陌生男人是個傻子，這明明就是一頭連車子都拉不動的廢馬，吃這麼多卻沒半分力氣，留下來也不中用。

伯樂順利買下了這匹馬，就馬上返回楚國。他來到楚王面前，介紹這匹馬是如何優秀、如何珍貴。然而，楚王一見卻露出不悅的神情，在他眼裡，這匹馬瘦得像竹竿一樣，別說上戰場廝殺了，恐怕連路都走不穩。

伯樂依然不疾不徐，耐心地向楚王解釋，表示牠會這麼瘦，都是因為過去餵養不當，況且還整日被驅趕著去拉車。並強調，只要給他半個月的時間，他一定能讓這匹馬恢復到最佳狀態。

半個月後，馬兒在伯樂的精心照顧下，變得健美精壯。楚王一看，樂得心花怒放，便騎上了馬馳騁沙場。的確，如伯樂所說，這匹馬是難得的千里馬。自此之後，楚王對伯樂也更加敬重。

後來，隨著伯樂的名聲越發響亮，凡是他相中的馬，必定成為最受歡迎的搶手貨，價格往往也連翻數倍。據說想請他「帶貨」的人絡繹不絕，人潮都快排到巷尾去了。

採訪側記

記者：伯樂，想請教您，現在適合入手千里馬嗎？

伯樂：再合適不過了！目前全球推廣節能減碳，新能源是首選。而我們的千里馬正是低碳零汙染的交通選擇，百公里草耗不多，跑得又快，還能享受彷彿駕駛跑車兜風般的快感。

記者：聽起來的確不錯。您會提供粉絲驚喜價嗎？

伯樂：當然！現在入手千里馬，不但價格大幅優惠，還贈送馬兒的精選草料。

記者：說得我都心動了。感興趣的觀眾可別錯過了這個好機會。趕快進伯樂老師的直播室，點擊下方的購物車！

【知識大補帖】

◉楚王：春秋戰國時期，對楚國國君的稱呼。楚國歷史悠久，歷代國王聲名顯赫，即便被秦國消滅後，「楚」依舊被作為爵位封號，並且是最尊貴的稱號之一。

◉《伯樂相馬經》：中國最早的相馬術著作，由春秋戰國時期孫陽（伯樂）所撰，成書於西元前一六八年以前。

西施

間諜王妃的穿搭心機

直播主小檔案

姓名：西施（西元前五〇三～四七三）
暱稱：西子
性別：女
主要成就：以身報國、助越滅吳
IG：@ 魚見了我能不沉嗎（追蹤者百萬＋）
YouTube：間諜王妃的美麗日記（訂閱者百萬＋）
LINE 個性簽名：想談戀愛嗎？會亡國的那種
屬性：做大事的美女
愛好：讓夫差不做正事

西施，本名施夷光，春秋末年生於越國句無苧蘿村，也就是今天的浙江省紹興市諸暨苧蘿村。她從小就跟著母親在江邊浣紗，因此得名「浣紗女」。這個女孩生來可不簡單，自幼就是個十足的美人胚子，長大後更是擁有傾國傾城的容貌。平時，人們都叫她西施，後世則稱其「西子」，算是一種帶著敬愛的暱稱。

中國古代四大美女中，排在第一位的就是西施，其他三位是王昭君、貂蟬和楊貴妃。她們有著「沉魚落雁之容，閉月羞花之貌」，其中「沉魚」這個詞專屬西施。據傳有一天，西施在河邊浣紗時，雖未特意梳妝打扮，優游水中的魚兒一瞧見她臨水的身影，竟為其美貌所震驚而忘了游水，漸漸沉到了水底。

在若耶溪（今平水江）東岸，住著一位和西施同姓的姑娘，大家都叫她東施。然而，她沒有西施那麼幸運，生來就和膚白貌美沾不上邊，容貌甚至還略顯醜陋。東施心裡也清楚自己長得並不美，便費盡心思模仿其他美女的穿著打扮，連動作也學得唯妙唯肖。西施身為遠近聞名的美女，自然也成了東施模仿的頭號對象。無論西施穿什麼樣的衣服、梳什麼樣的髮型、怎麼走路，她統統照單全收。

有一天，東施像往常一樣盯著西施，發現西施走路時因心口不舒服，下意識地微微蹙眉，以雙手捂著胸口時，路人一瞧見西施這副楚楚動人的模樣，都露出心疼的神情。於是，她牢牢記住西施捧心的每一個動作，回到東岸後，也學西施皺起眉頭、捂著胸口。不料，左鄰右舍反倒驚呼妖怪，紛紛跑回家掩起大門，誰也不敢再瞧她一眼。

東施不僅沒有因為模仿西施而變得漂亮，反而被譏笑為「東施效顰」，還衍生成語流傳後世。愛美是天性，知道天生不足之處而努力補強，是值得我們鼓勵的積極心態。遺憾的是，她忘了模仿也須量力而為，否則反而會因為容貌焦慮，而對自己完全失去自信。

古人直播室

俗話說「金無足赤，人無完人」，西施雖天生麗質，卻也有一個瑕不掩瑜的小缺點，那就是腳比較大。換作是現代人好像也沒什麼，但在西施那個年代，大腳可是醜的象徵。

於是，西施為自己量身打造了一款長裙。穿上它，腳是大是小都無所謂，因為完全被長裙蓋起來了。

當然，裙子一長就不方便走路。別慌張，設計師西施特意設計了一款木質高跟鞋，高度剛好，既能讓長裙完美遮住大腳丫，又完美彌補了容易踩裙襬的小缺點。長裙搭配高跟鞋，完全女神級打扮。如果你也想當女神，絕對要試試這款搭配。如果你只是覺得自己腳太大，也務必要親身嘗試一次。歷史上首席美女的絕美穿搭，將讓你發現最美的自己。

將「傾國傾城」這個成語用在別人身上，可能多少顯得誇張。但用在西施身上，可是再貼切不過。

西元前四九四年，越王勾踐被夫差擊敗，在吳軍的圍攻下被迫求和。為了活命，勾踐來到吳國做了人質，三年後才恢復自由。一回國，勾踐就全面展開復仇大計。他知道吳王好色，就策畫了一場美人計。勾踐命大夫范蠡去全國各地網羅面容姣好的美女（從這個角度來看，范蠡可說是最早的星探了），很快地，他找到了西施。

見了西施，勾踐心想光憑美色還不夠，畢竟外貌之外，還須能歌善舞，並擁有誘人的儀態。西施雖外貌出眾，但還欠缺其他兩點。不過，勾踐並不著急，既然想靠美人計亡吳國，就得準備充分後再實行。就這樣，西施開啟了長達三年的練習生生涯，學習歌舞和禮儀。聰明機靈的西施，在專業導師的調教下，變得日趨完美。

不出勾踐所料，吳王夫差一見到西施，瞬間就成了她的迷弟。為了和西施朝夕相處，夫差還特意在姑蘇城建造春宵宮，並在宮內修築一座大池塘，池塘裡停放一艘青龍舟；此外，也建造了專門讓西施表演歌舞的館娃宮等居所。西施愛跳「響屧舞」，夫差就為她建了「響屧廊」，將幾百個陶甕擺在一起，鋪上木板，西施穿上繫著小鈴鐺的裙子，再穿上木屐，在上面翩翩起舞，鈴鐺和陶甕的響聲交織，將夫差迷得神魂顛倒。

西施作為勾踐的「致命武器」，澈澈底底俘獲了夫差的心，上演了一齣齣「霸道總裁愛上我」的戲碼。夫差整天與西施膩在一起，要麼玩花賞月，要麼泛舟採蓮，要麼騎馬打獵……朝廷政務那些正經工作早被遠遠拋在一邊。哪怕連伍子胥求見，都吃了閉門羹。夫差只讓太宰伯嚭在一旁聽命，根本聽不到忠臣的建言，耳邊全是阿諛奉承，如此一來，勾踐的目的也就達到了。

採訪側記

記者：西施小姐，今天這款長裙真是太修身了！
西施：當然，也不看看是誰設計的。
記者：同步推出的高跟鞋也很成功，一票粉絲搶瘋了。
西施：不過，我還是要在這裡呼籲大家理性下單。買真正適合自己的東西。
記者：您真是團購界的一股清流！（比大拇指）
西施：這樣我身為帶貨女王的路才走得遠啊。
記者：真的。
西施：我還要告訴我的粉絲們，要記住，自信的女人最有魅力。
記者：感謝您接受採訪，祝福您與范大人白頭偕老。

【知識大補帖】

- 沉魚落雁，閉月羞花：落雁，意指王昭君，據說她嫁給匈奴單于時，大雁看見了騎在馬上的昭君，一時間忘了鼓動翅膀，就從空中掉了下來。閉月，指的是王允之女貂蟬，王允見人就誇讚女兒的美麗，更說連月亮見了都要自慚形穢藏身在雲後。羞花，則是楊貴妃，據說她曾在賞花時無意間輕撫含羞草後，含羞草竟立刻垂下捲起了葉子。
- 范蠡：春秋末期政治家、軍事家、謀略家、經濟學家和道家學者，曾是越國相國、上將軍，為越王勾踐謀計獻策，助其復國，與越滅吳。他也是中國早期商業理論家、楚學開拓者之一，後人尊稱為「商聖」，他也是「南陽五聖」之一。
- 越王勾踐：曾敗給吳軍，在吳國當了三年人質，後經臥薪嘗膽，最終滅了吳國，報仇雪恨。
- 吳王夫差：春秋末期吳國國君。剛即位時，勵精圖治，大敗勾踐，吳國國力由此達到鼎盛。但到了晚年，生活奢華無度，政務上窮兵黷武，後被越國所滅，選擇自縊。
- 伍子胥：楚國人，春秋末期吳國大夫、軍事家。曾多次勸諫夫差殺了勾踐，卻未獲採納。最終，夫差聽信太宰伯嚭讒言，誤信伍子胥與齊國合謀反吳，就賜予他一把寶劍，要其自盡。伍子胥自殺前對門客說：「挖出我的眼睛，懸在東門之上，讓我看著越國滅吳。」伍子胥死後九年，吳國為越國所滅。

張騫

不藏私！跨境電商的好物攻略

姓名：張騫（約西元前一六四～前一一四年）
暱稱：博望侯
性別：男
主要成就：開拓絲路，抗擊匈奴，從軍封侯
IG：@ 開眼看世界（追蹤者千萬＋）
YouTube：開眼看世界（訂閱者千萬＋）
LINE 個性簽名：睜開眼睛看世界
屬性：社牛、熱愛冒險
愛好：旅行、探險、帶貨
終生愛好：旅行

張騫，字子文，漢中郡城固（今陝西省漢中市城固縣）人，漢代傑出的外交家、旅行家、探險家，更被譽為「古絲路的開拓者」。據史書記載，張騫「為人強力，寬大信人」，這可謂極高的評價，意指此人不僅意志堅韌、心胸開闊，還能以信義待人，品格高尚。而張騫也正是憑藉著其人格魅力，完成了出使西域的遠行任務。

西漢建元二年（西元前一三九年），張騫奉漢武帝之命，率領百餘人從大漢帝都長安出發，前往西域。在浩浩蕩蕩的隊伍之中，身兼翻譯、保鏢、嚮導等多重職務的甘父是相當關鍵的人物，說起來一點也不誇張，張騫一行人能多次死裡逃生，都多虧甘父從旁提醒。終於，這群人排除萬難，將這段長安通西域的漫漫之路，打通成一條異域好物團購之路，自此開啟了「絲綢之路」。

張騫的團購貨源可謂世界級的。司馬遷稱「然張騫鑿空，其後使往者皆稱博望侯，以為質於外國，外國由此信之」，大意是張騫開闢了通往西域的道路，後來出使西域的使者也都稱作博望侯，以此來取信於外國。梁啟超更讚其為「堅忍磊落奇男子」、「世界史開幕一大偉人」。他先後兩度出使西域，打通了中國與中亞、西亞、南亞以至歐洲的陸路交通。也正是靠著這條絲路，中國的絲綢、茶葉、漆器才能賣到西域和中亞等地區，而歐洲、西亞和中亞的寶石、玻璃等產品也才得以流入中國。

漢武帝元鼎三年（西元前一一四年），張騫病逝於長安，歸葬漢中故里。

古人直播室

大家好！我是張騫，我現在又來到了西域的大沙漠，你們看風沙這麼大，我都快看不清了……。

本日團購清單：葡萄、核桃、苜蓿、石榴、胡蘿蔔和地毯。

作為國際代購的先驅，張騫絕對是前無古人、後無來者的神級人物。我們可以從張騫的團購單品中見到各種各樣的農產品：芋頭、葡萄、黃瓜、石榴、核桃等等。

大家想必對免稅商店並不陌生，是低價購買海外商品的好地方。張騫從西域返回長安之後，也在長安城的西市開了一家「直營免稅店」。店內不僅陳列著琳琅滿目的珍稀商品，要是幸運，還能見到張騫本人，聽他親自為你介紹商品的特色和來歷，一旦聊開了，還能娓娓說起西域的風土人情，包你聽得津津有味。

面對眼前這許多壓根沒見過的稀奇玩意，長安城的老百姓好奇心爆棚，紛紛慕名而來。一時間，這家小店成為長安城景點般的存在，不論買不買，人人都想來開開眼界。

對於達官顯貴，張騫則替他們解決了一大難題——每當逢年過節送禮，實在不知道該送什麼好的時候，就直奔張騫的店選購海外新鮮貨，肯定不會讓對方失望。

不過，張騫的代購之路並非一帆風順，而是充滿了艱難險阻，甚至一不小心就可能會有生命危險。可見在當時，代購是個高風險事業。

當時，張騫一行人初抵匈奴領地，讓他們出乎意料的是，迎接他們的不是熱情的款待，恰恰相反，匈奴人二話不說，將他們全數逮捕。儘管張騫說破了嘴，表示自己是來自長安的外交使節，此次行程的目的是大月氏。但匈奴人可不吃你這一套，也懶得聽他解釋，強勢的態度儼然就是「我的地盤聽我的」。

張騫受俘後，一困就是十年。匈奴人為了讓張騫等人在匈奴落地生根，還給他安排了一門婚事。但這一切並未讓張騫放棄逃跑的念頭。然而，匈奴人日夜防範，可說滴水不漏，張騫還是苦苦等到匈奴內亂，才找到機會暗中集結幾名同伴，商量出逃事宜。此時，他已經待在匈奴長達十年了！即便如此，他始終不忘自身的使命——通使大月氏。而且，一定要將海外的商品帶回長安！

看樣子，史上使命感最強的團購達人，絕對非張騫莫屬。

幸運的是，張騫在被匈奴人囚禁的這十年間，也並非一無所獲。他忍辱負重，一邊學習匈奴語，同時掌握了通往西域的路線。後來透過喬裝打扮，總算順利逃出匈奴人的勢力範圍。

十年間物換星移，西域的形勢已大不如前，大月氏也在敵國的逼迫下另尋領地西遷，重新建立家園。然而，張騫仍在徒步前往西域的路上。面對大戈壁灘上的滾滾熱浪、崇山峻嶺間的刺骨寒風，匆忙出逃的張騫一行人，不僅缺乏水與糧食，一路上挨餓受凍，不少成員因此死在途中。

歷經千辛萬苦，眾人好不容易抵達大月氏，不料大月氏早已改變了對待匈奴的立場。當時，大月氏移居到新的領地，那裡土地肥沃、物產富饒，最關鍵的是距離匈奴和烏孫都很遠，內憂外患的局面已經取得大幅改善。張騫雖盤算著聯合大月氏壓制匈奴，但如今大月氏只想關起門安分地過日子；再說，長安和大月氏相距十萬八千里，即便要合作攻打匈奴，萬一出了差錯，遠水解不了近火，大月氏可不想冒這個險。

為了說服大月氏，張騫整整待了一年多，每天苦勸大月氏一同出兵擊潰匈奴。後來，張騫眼看遊說無效，不好再強迫對方，只能踏上歸途。在回國的路上，又不幸遭匈奴俘虜，被扣押了一年多，之後再次成功脫逃，才安全返抵長安。

當年，張騫帶領一百多人的隊伍浩蕩出發，回國時只剩下寥寥數人，付出了巨大的代價。首度出使西域，張騫帶回了西域的詳盡情況，為《漢書・西域傳》的撰寫奠下了基礎。萬事起頭難，張騫二度出使西域時，一路上就順遂許多。從此之後，西漢與西域各國建立起友好的往來，天馬（又稱汗血寶馬，指西域的良駒）就是在此時傳入中國，還有葡萄、核桃、苜蓿、石榴、胡蘿蔔和地毯等；與此同時，中國的絲織品、金屬工具，以及鑄鐵、開渠、鑿井等先進技術也傳到了西域。

採訪側記

記者：張總，您的海外代購的生意越做越大，能分享一些經驗談嗎？

張騫：膽子要夠大。

記者：除了膽子夠大呢？

張騫：主要就是膽子要夠大。

記者：嗯嗯，我們都知道您敢於冒險，還有其他能傳授的訣竅嗎？

張騫：沒有，就是膽子要夠大。

記者：好的，聽起來並不難……。

【知識大補帖】

◉ 西域：「西域」的地理範圍界定，最早見於《漢書・西域傳》。漢代的西域，狹義上指蔥嶺以東，即漢代西域都護府統領之地。大致相當於今天新疆天山以南、塔里木盆地及周邊地區。廣義上的西域則除上述地區外，還涵蓋中亞細亞、印度、伊朗高原、阿拉伯半島、小亞細亞乃至更西的地區，事實上指當時人們所知的整個西方世界。

◉ 匈奴：「匈奴」一詞最早出現在戰國時期的史籍上，據《史記》記載，西元前三世紀後半葉，匈奴成為一支統一而強大的民族。自冒頓單于（西元前二〇九～前一七四年）起至匈奴西遷（西元九一年，永元三年）止，匈奴制政權在大漠南北存在了整整三百年，此後離散的匈奴人又在中國的歷史上活躍了近兩百年。至南北朝末期，匈奴才在史冊上漸趨消失。近代西方歷史學家咸認中原以北的匈奴人，是一些以馬征戰、結盟的遊牧民族。

◉大月氏：大月氏是西元前二世紀中亞地區的遊牧部族，原居住在中國西北部，後遷徙到中亞地區。在中國先秦時期的古籍中或譯作禺知、禺氏、牛氏等，後來也譯作月支。

司馬遷

國旅界頭號 KOL，帶你玩遍太史公腳下的好河山

直播主小檔案

姓名：司馬遷（約西元前一四五～前八六？）
暱稱：太史公
性別：男
主要成就：編著《史記》，開創紀傳體史書體裁
IG：@ 史家之絕唱（追蹤者千萬＋）
YouTube：太史公腳下的好河山（訂閱者千萬＋）
LINE 個性簽名：繼父業，著史事
屬性：史學家
愛好：歷史

司馬遷，史學界的「超級流量王」，他撰寫的《史記》是中國第一部紀傳體通史，上至上古傳說中的黃帝時代，下至漢武帝時期，涵納共三千多年歷史，魯迅稱之為「史家之絕唱，無韻之離騷」，後世尊稱為「史聖」。

《漢書・司馬遷傳》中，「遷生龍門，耕牧河山之陽。」司馬遷生於龍門，一家在黃河之北、龍門山之南過著耕種放牧的生活。幼年時，司馬家過得並不好，但仍擋不住他一顆好學的心，便跟著鄉里的老師開始讀書認字。

司馬遷六歲時，父親司馬談被召入京師擔任太史令。說起司馬家的遠祖，世世代代皆為史官，在司馬談前中斷了幾代，到了司馬談這一代才重拾祖業。

司馬談學識淵博，師從唐都學習天文，師從楊何學習《易經》，師從黃子學習道家學說，別看他學得雜，但這些知識都被他吸納進自己的理論體系，並對司馬遷產生深遠的影響。

司馬遷一邊受父親教導，一邊師從董仲舒和孔安國學習《尚書》、《春秋》等典籍。隨著年歲增長，他博覽群書，為撰寫《史記》做了充足的準備。當然，司馬遷還有個獨到之處：他不是只顧悶頭讀書寫作，相反的，他讀萬卷書，也行萬里路，往往不遠萬里前往實地考察，就這樣，結合了扎實的史料與田野訪查，最終成就了《史記》這部巨作。

古人直播室

作為曠世巨作《史記》的作者，既然愛好歷史的各位都慕名而來我的直播室，就讓我為大家朗誦一段，我在〈報任安書〉中，最自豪的句子：

修身者，智之符也；愛施者，仁之端也；取予者，義之表也；恥辱者，勇之決也；立名者，行之極也。士有此五者，然後可以託於世，列於君子之林矣。

為了撰寫《史記》，司馬遷走遍國內名山大川，深入當地考察。著作中的風俗民情與文人軼事，都在他的深入探訪下變得更加飽滿扎實。讀萬卷書，行萬里路，就是他最真實的寫照，他也儼然成為當時國旅界的ＫＯＬ。

別人的二十歲是娶妻生子，享受一家溫馨和樂的安穩生活；司馬遷卻在二十歲這一年，以長安為起點，開啟了走遍大好河山的旅程。第一站是長江流域，隨後來到會稽，也就是今天的江蘇、浙江一帶。他在這裡感受了禹穴（相傳為大禹治水之地）的風光後，便啟程前往湖南九嶷山（傳說舜帝在南巡途中去世後安葬於此地）。

司馬遷又前往沅江、湘江一帶，一路上走走停停。他來到汨羅江弔唁屈原，到了長沙憑弔賈誼，他親身走進古人生活過的地方，傾聽他們的傳說和故事，並一一記錄下來。

到了山東汶水、泗水，即山東泰安附近，他一馬當先來到戰國時期齊、魯的都城臨淄和曲阜，並在曲阜感受到孔子遺風。揮手作別曲阜，他行經孟子的家鄉鄒縣，登上嶧山，親睹秦始皇南下時留下的石刻。

接著，到了山東的鄱地、薛地、彭城。薛地曾是戰國四公子之一齊國孟嘗君田文的封地，司馬遷在此感受最深刻的是，當地人特別講義氣，肝膽相照。就這樣，司馬遷多方察訪，持續蒐集一手資料，執筆〈孟嘗君列傳〉時文思如泉湧。

離開了彭城，司馬遷隨即奔向戰國時期衛國的都城大梁（今開封）。他從當地人口中得知魏公子信陵君禮賢下士的故事，也聽聞許多當地人才知道的奇聞軼事。

這段旅程持續長達兩年之久。司馬遷的行腳，並非只是單純看花賞草、遊覽山水，而是投入大量時間與精力去深入了解與融入當地，這不僅提升了他在下筆時的氣魄，對整部《史記》的形成更產生了深遠的影響。《史記》的內容或生動活潑，或蕩氣迴腸，或豐富多彩，無不得益於他扎實的考察經歷。此後，司馬遷仍頻繁地行走四方，大江南北皆留下了他的足跡。

採訪側記

記者：您的《史記》寫得太好了！請先幫我簽名吧！

司馬遷：好的。

記者：您走遍大江南北，哪個地方讓您留下最深刻的印象？

司馬遷：不少地方都讓我印象深刻。但說起最深刻的，應該是曲阜。我見到儒生在演習周禮，當場感動得淚流滿面。孔子真的很了不起，開創私人講學之風，還倡導仁義禮智信……。

記者：這些旅行都是自費嗎？

司馬遷：要不然呢？那時沒在朝中任職，用不了公費。

記者：這些事方便公開談嗎？

司馬遷：呃……我看還是先關掉直播吧！

記者：好的……。

【知識大補帖】

◉賈誼：西漢初年著名政論家、文學家，世稱賈生。賈誼少有才名，十八歲時，以善文為郡人所稱。文帝時任博士，遷太中大夫，受大臣周勃、灌嬰排擠，謫為長沙王太傅，後世亦稱賈長沙、賈太傅。司馬遷對屈原、賈誼都寄予同情，為二人寫了一篇合傳，後世因而將屈原與賈誼並稱為「屈賈」。

◉ 孔子：名丘，字仲尼，春秋時期魯國陬邑（今山東省曲阜市）人，是中國古代偉大的思想家、政治家、教育家，儒家學派創始人，其思想對後世產生深遠的影響。

◉ 孟嘗君：本名田文，戰國四公子之一，父親靖郭君田嬰，祖父齊威王。孟嘗君以輕財下士聞名於世，門下食客有數千人之多。任齊相時，採取遠交近攻策略；後任魏相，轉而聯趙、燕等國，附秦攻齊，可謂權變之臣。

張敞

今天，你幫另一半畫眉了嗎？

直播主小檔案

姓名：張敞（？～西元前四七）
暱稱：張子高
性別：男
主要成就：治京有奇招
IG：@ 今天你畫眉了嗎（追蹤者千萬＋）
YouTube：張老師教畫眉（訂閱者千萬＋）
LINE 個性簽名：每日一美眉
屬性：寵妻狂魔
愛好：幫老婆畫眉毛

張敞，西漢人，基層官員出身，平日兢兢業業，不貪財，也不好色，是個能幹且公正廉潔的好官。後因能力出眾，被提拔做了太僕丞，具體來說就是管理皇帝車馬的人，還不是主管，只是副手，相當於「弼馬溫」的職位。即便工作不起眼，但他做起事來依舊盡心盡力。

漢昭帝死後，昌邑王劉賀繼位，一上臺就不演了，毫無顧忌地任命自己人。對於這種危害江山社稷的行為，張敞當然無法坐視不管。於是他上書進諫，毫不留情地痛斥劉賀的種種荒唐行徑。這番話讓輔政的大將軍霍光眼前一亮，隨後霍光找準時機，廢除劉賀，改立漢宣帝，張敞也因此受到了重用，得以升職。

張敞無論是在山陽郡任太守，還是在冀州擔任刺史，他都一如既往地勤勉盡責，為百姓謀福利，因此深受當地百姓的愛戴。

擔任京兆尹時，張敞面臨的挑戰尤為艱巨。當時長安社會秩序混亂不堪，盜竊案件頻頻發生，令負責該地區的京兆尹左支右絀，以至於這個職位的人選經常更換。漢宣帝為了解決這一頑疾，將張敞召來詢問對策。張敞對答如流，宣帝對他的能力充滿信心，當即任命他為京兆尹。

張敞上任後，並沒有急於行動，而是選擇便衣出巡，四處察訪。他與商販、居民詳細交談，終於從當地長者口中挖掘到了關鍵線索：原來那些頻繁做案的盜賊，居然都是家境富裕、地位顯赫之人。這讓張敞大吃一驚——不缺錢的人竟然做出見不得人的勾當。

掌握了線索後，張敞並未立即大肆聲張，而是悄悄將幾名盜賊首領請到府中，當著他們的面，一一擺出確鑿的罪證。盜賊們心虛膽怯，幾乎毫無抵抗全數認罪。然而，出乎意料的是，張敞不僅沒有懲罰他們，過了幾天還將他們都放了，甚至封他們做官。

這一舉動令旁人困惑不解：這批盜賊窮凶極惡，不僅不治罪，反而還封官，這到底是何道理？面對質疑，張敞淡然回應：「長安盜賊眾多，若不能一網打盡，單殺這幾個人根本無濟於事，我自有對策。」

果然，幾名盜賊返家後，誤以為張敞因顧忌他們的勢力才放了他們，得意忘形，設宴慶祝，還邀請其他同夥前來狂歡，眾人醉得不省人事。就在此時，張敞依計行事，帶人突襲，一舉將盜賊全數擒獲，不費一兵一卒。此後，長安城的治安顯著改善。

古人直播室

終於要直播畫眉了！我等了好久，必須趁這個機會，向大家展示我畫眉的獨門心法。女粉絲不能錯過，男粉絲也要學起來，絕對能哄老婆或女朋友開心。她們開心了，我們才能開心。

看張敞平日上班的風格，絕對是個不折不扣的鋼鐵直男，但回到家，他卻成了名副其實的寵妻狂魔，與原本不解風情的形象毫不沾邊。也正因為對夫人花了不少心思，他還意外多了個身分——「美妝團購主」。

什麼?!堂堂朝廷官員竟然賣起了化妝品？沒錯，張敞會一邊秀恩愛，一邊「帶貨」，讓粉絲們一邊眼睛被閃瞎，一邊心甘情願地掏錢。當年，他擔任京兆尹，每天上班前必做的一件事，就是親手給夫人畫眉。是的，你沒聽錯，男人幫女人畫眉，還技術一流。他獨創的畫眉手法迅速風靡長安城，姊姊妹妹都為之瘋狂。只要是關於眉毛的話題，張敞無一例外地穩坐熱搜榜首。無論是畫眉技巧還是工具配方，統統成為流行趨勢。

那麼，究竟是何方神聖，能讓一個男人心甘情願每天為她畫眉呢？說起來，這還是一段命中注定的愛情故事。張敞和夫人是青梅竹馬，有一次玩耍時，張敞不小心用石頭砸中了她的額頭，留下了一道傷疤。原本以為只是小事，沒想到後來卻成了她婚嫁的阻礙，始終找不到合適的對象。張敞心中愧疚，決定負起責任，便主動上門提親，並鄭重承諾：「以後我會每天幫畫眉，讓你天天漂漂亮亮地見人。」

承諾容易，堅持卻很難。但張敞做到了。他不僅成為模範丈夫，還成功引領了當時的畫眉熱潮。當然，有人喜歡，就有人不滿。許多同僚對張敞頗有微詞，批評他的行為「無威儀」，甚至屢次上奏舉報。漢宣帝得知後，親自關切：「聽說你每天給夫人畫眉，如今長安城內對此都議論紛紛，還有人學起了你的畫眉技巧，真有此事？」

張敞的優點是直言不諱，缺點也是直言不諱。他毫不客氣地回答：「閨房之樂，有甚於畫眉者。」這意思大概是：「畫個眉算什麼？夫妻之間的樂趣可多了，要不要我說給您聽聽？」漢宣帝聽罷一愣，但他見多識廣，也表示理解，甚至對張敞的真性情頗為讚賞。

後來，漢宣帝並沒有怪罪張敞——說來宣帝自己也是個多情種子，「故劍情深」的故事就是他的親身經歷。從那之後，皇帝對此再無異議，然而其他官員並不這麼想。他們仍耿耿於懷，每當張敞有機會升職加薪時，總有人跳出來舉報他的「無威儀」，讓升遷機會一次次從他手中溜走。好在張敞毫不在意，他認為身邊有妻子相伴，人生已然無憾。

要是穿越到現代，張敞一開直播，張夫人一定是他的頭號粉絲。觀眾買的是什麼呢？其實，觀眾並不是為商品或技巧而來，而是兩人的愛情故事。誰不想當張夫人呢？

但就算成不了她，也至少要畫出漂漂亮亮的眉毛，去尋找屬於自己的「張先生」。這對充滿甜蜜氣息的直播主，怎能不讓人心生羨慕？讓人想大力推薦給其他姊妹呢？

採訪側記

記者：張大人，今天又帶著張夫人開直播了？

張敞：是啊，夫人，來，看鏡頭比個心。

記者：……我看您直播室場場爆單，請給其他美妝團購主一些建議吧！

張敞：建議？我想想（沉思）。哦，簡單，就是別做單身狗。

記者：您可以不愛單身狗，但是別針對他們啊！

張敞：哈哈哈，是你要我給建議的。

記者：……。

張敞：直播室的大家，下次再教你們畫桃花眉喔！

【知識大補帖】

◉故劍情深：比喻結髮夫妻情深意重。這句成語的主角就是漢宣帝劉詢及其結髮妻子恭哀皇后許平君。劉詢十九歲時，由當時權勢滔天的大將軍霍光迎立為皇帝。當時霍家人處心積慮想將女兒推上皇后寶座，但宣帝不動聲色，只下了一道詔書，表示自己在貧困時曾有一把舊劍陪在身邊，如今遺失了，十分懷念它，探問誰能替他找回來。故劍代陳了對往昔故舊的珍愛之情，公卿大臣得知了皇上真正的心意後，乃議立許氏為皇后。

◉京兆尹：漢代官名，為三輔（治理京畿地區的三位官員，即京兆尹、左馮翊、右扶風）之一。主管今西安及其鄰近地區，地位相當於如今首都的市長。西漢時長安流傳著一句話：「前有趙、張，後有三王。」說的是五位具名望的京兆尹，其中的張，就是指張敞。

趙飛燕

仙氣的你，要擁有的這條裙子

直播主小檔案

姓名：趙飛燕（西元前三二～前一）
暱稱：飛燕宗姬
性別：女
主要成就：獨創「掌上舞」、「踽步」舞蹈技法
IG：@ 一隻小燕子（追蹤者百萬＋）
YouTube：一隻小燕子（訂閱者百萬＋）
LINE 個性簽名：水色簾前流玉霜，趙家飛燕侍昭陽
屬性：美女舞蹈家
愛好：跳舞

趙飛燕出生於長安，是漢成帝劉驁的第二任皇后。據說，她出生時便不受父母重視，甚至遭到遺棄。然而，三天後，父母發現她竟然還活著，於是將她重新接回撫養。成年後，趙飛燕入宮擔任宮女，並在陽阿公主府學習歌舞。在眾多宮女之中，她以輕盈的舞姿脫穎而出，宛如一隻翩翩起舞的燕子，因此得名「飛燕」。

古人直播室

今天這麼隆重的場合上，怎麼能夠沒有歌舞助興？我就趁著直播，為大家獻上一段掌上舞，請大家欣賞指教，也請千萬不要吝嗇掌聲，謝謝！

漢成帝劉驁，是趙飛燕的丈夫，也是漢武帝劉徹的後代。漢武帝篤信道教，曾為邀請仙人下凡修建了太液池和瀛洲島。然而，劉驁對神仙並不感興趣，他更在意如何盡情享樂。於是，他將祖先留下的太液池改造成娛樂場所，並命人在池中瀛洲島上修建了一座十多公尺高的賞景臺。

這座賞景臺，成了趙飛燕的舞臺。劉驁讓她在臺上翩翩起舞。幸好趙飛燕沒有懼高症，否則恐怕還沒開始跳舞，人就已暈了過去。初次表演時，儘管她的舞姿曼妙，卻未能令劉驁完全滿意，問題出在服裝上。趙飛燕的曼妙身姿被厚重的衣裳掩蓋，導致整場舞蹈效果大打折扣。

意識到問題後，趙飛燕決定換上合適的演出服。一日，南越國進貢的禮品中包含了一件名為「雲英紫裙」的薄紗長裙，她一眼相中。換上這件裙子後再次登臺，她的舞姿宛如仙女下凡，讓劉驁如痴如醉。這件薄如蟬翼的裙子，更加凸顯了趙飛燕的纖纖蠻腰，裙襬隨風飄蕩，身形更顯靈動。劉驁完全沉浸於她的舞姿之中，心神隨之蕩漾。

然而，就在此時，一陣狂風吹來，身形瘦小的趙飛燕站在高臺上，看起來就像要被吹上天去。劉驁見狀大驚，立刻命舞臺旁的馮無方抓住她，避免愛妻被風吹走。馮無方手疾眼快，迅速拉住趙飛燕，但因用力過猛，弄皺了裙子。看著裙子上的褶皺，馮無方嚇得跪地請罪，唯恐因此受罰。然而，讓他意外的是，劉驁不僅沒有責怪，反而讚美這些褶皺增添了裙子的韻味。

趙飛燕靈機一動，請求劉驁為這款新樣式的裙子賜名。劉驁思索片刻後，以她宛若仙女卻被「留」在凡間為靈感，賜名為「留仙裙」。自此，這條裙子一躍成為當時的時尚標誌。

被皇帝親自賜名的裙子，還有不爆紅的道理嗎？雲英紫裙立時出現了升級版。裁縫們會特意在裙襬增加褶皺的設計，這看似細微的改變，卻讓留仙裙成為時下最流行的款式。不過，褶皺雖是亮點，卻不是所有裙子加了褶皺都好看。例如，粗布裙也可以加褶皺，但因材質厚重，無法展現輕盈之美；而絲綢裙雖輕盈，但質地光滑，難以維持理想的褶皺效果。因此，留仙裙必須選用薄紗材質，才能呈現出飄逸的氣質。

當時所有講究品味的女性，自然不會錯過這條風格獨特的裙子。結果可想而知，留仙裙大受歡迎，成為市場上紅極一時的「爆品」！

採訪側記

記者：趙皇后，您能傳授幾個維持纖細體態的祕訣嗎？

趙飛燕：祕訣？沒有，我天生就這麼瘦。

記者：那麼，平常在飲食或運動上，您會特別注意什麼嗎？

趙飛燕：也沒有，該吃就吃、該喝就喝，說到運動，我經常跳舞，這應該也算是運動吧！

記者：看來大家與其努力節食，還「不如跳舞」！

趙飛燕：一起嗨跳「三天三夜」！

【知識大補帖】

◉ 漢成帝劉驁：漢宣帝劉詢與恭哀皇后許平君的孫子，漢元帝劉奭與孝元皇后王政君的兒子。出生不久便被宣帝冊封為皇太孫，明確昭示了待元帝百年之後，江山將由其繼承。

◉ 漢武帝劉徹：劉徹早年被封為膠東王，七歲時被立為皇太子，十六歲登基為皇帝，在位長達五十四年，創下諸多功業。然而，因迷信神仙，熱中於封禪和郊祀，多次巡遊各地，揮霍無度。在位晚年，社會矛盾日益尖銳，關東流民達二百萬，農民起義頻繁。宮廷內更爆發「巫蠱之禍」，致使太子劉據自殺。征和四年（西元前八九年）下輪臺詔，拒絕桑弘羊募民屯田輪臺的建議。後元二年（西元前八七年）駕崩，享年七十歲。

◉ 馮無方：官至侍郎，才華橫溢，擅長彈奏多種樂器。因趙飛燕「留仙裙」之軼事而聞名。

韓康

不二價，就是我的流量祕訣

直播主小檔案

姓名：韓康
性別：男
主要成就：堅守「不二價」
IG：@ 韓康賣藥（追蹤者千萬＋）
YouTube：韓康賣藥（訂閱者千萬＋）
LINE 個性簽名：童叟不欺，言不二價
屬性：隱居不仕的倔強醫生
愛好：賣藥

綜觀古今，名人志士數不勝數，他們各具特色，行事作風往往深受時代影響，帶著鮮明的時代烙印。例如，唐朝的名人多豪放不羈，喜歡縱情高歌，大塊吃肉、大口飲酒，追求高調的生活方式，人生圖的就是一個酣暢淋漓；東漢時期，則盛行隱逸之風，許多人嚮往清靜無爭，甘願大隱於市，不受外界的紛擾所牽累。

韓康，便是個具有東漢風骨的典型人物。皇甫謐的《高士傳》中，記載了他的故事：他學識淵博，卻一向低調內斂，從不喜歡張揚。正因如此，他的人生充滿了隱逸之趣。然而，令人意想不到的是，這位無欲無求的隱士，卻在經商領域展現不凡的才華。

古人直播室

哎呀，我也沒什麼才藝，實在不知道要在直播時表演什麼。要不然，就向大家來老王賣瓜一下我這些寶貴藥材吧！絕對貨真價實，買到賺到。但是，誰敢在直播時跟我還價，可別怪我當場不給下臺階喔！

韓康因賣藥而聲名遠播，並非因為他的藥材是稀世珍品，而是他堅持不接受還價。他的原則是，標價多少就是多少，討價還價免談，無法接受的顧客，只能說抱歉了。

許多人認為，不允許還價的生意怎麼可能長久？然而，堅守不二價恰恰是韓康的經商祕訣。他在長安集市賣藥三十餘年，藥材種類可能有所變化，但原則始終如一——不講價。對於執意討價還價的顧客，他唯一的回應就是：「不賣了。」

有一次，一位女士前來購買藥材，卻不滿價格過高而不斷還價，都快將嘴皮子說破了。但韓康的態度相當堅定：「還價就不賣。」這讓顧客氣得直跳腳，憤怒地大喊：「你難道就是韓伯休嗎?!賣個藥材還不讓還價！這哪裡是誠心做生意呢！」

眼見顧客越說越氣憤，韓康無奈地說：「原本想逃離人群，誰知道現在人人都認識我了。索性別賣藥了。」於是，他收拾行囊，前往霸陵山隱居。

韓康決定暫時退出團購界，好好思考接下來的人生規畫。然而，他還未想清楚下一步，朝廷卻先打起了他的主意。聽聞韓康隱居山中，朝廷連派幾批人入山勸說，邀請他出來做官。可對於仕途，韓康是一百萬個不願意。他熱愛直播賣藥，樂於與顧客打交道，但要他與入朝為官，卻令他避之唯恐不及，無論來人如何勸說，他都堅定拒絕。

漢桓帝不甘心，親自為韓康備妥厚禮，派專員駕著豪華馬車迎接他赴任。面對皇帝的好意，韓康表面上不敢抗旨，口頭答應，實際上卻另有盤算。他提出一個條件：拒絕乘坐朝廷的馬車，改乘自己的破舊牛車前往。獲准後，他便提前在天未亮時自行出發。

為了確保韓康旅途順利，漢桓帝特意派人修路架橋。途中，韓康駕著牛車經過一座驛亭，負責修橋的亭長見到他的簡陋裝扮，並未認出他的身分，便下令徵用他的牛車。

韓康心裡暗自叫好：「這下可好了，車沒了，官還怎麼做？」他正暗自竊喜時，朝廷派來的豪華馬車抵達了驛亭。亭長這才意識到自己徵用的竟是韓康的牛車，嚇得面如土色。

為了賠罪，使者甚至提出要斬了亭長。然而，韓康解釋道：「是我自願讓亭長使用牛車，他並無過錯。」這才平息了風波。

在返回京城的路上，韓康終於找到了逃跑的機會。他趁隨行侍從不留心時，悄然溜進深山，擺脫了朝廷掌控。此後，堅持不做官的他，延續著他熱愛的直播賣藥事業，依舊不議價，只是相比以往，更加謹慎低調了。

採訪側記

記者：韓醫師，當初您是怎麼下定決心，不讓消費者跟您討價還價的？

韓康：不需要特別下決心，想到就做。

記者：您不擔心藥賣不出去嗎？

韓康：你看我像是擔心銷量的人嗎？

記者：是不像……但是，東西不是賣越多越好嗎？

韓康：年輕人，格局要大一點。你倒是說說看，什麼叫多，什麼叫少？

記者：唔……（這老先生該不會打算上起課來了吧？）

韓康：說到底，熱賣的祕訣就在於我賣的每一種藥材都是經過精挑細選，所以誰買到，誰就賺到。

記者：看來這才是做生意的真諦！

【知識大補帖】

◉皇甫謐：西晉醫學家，四十二歲時患了痹症，行動不便，於是潛心鑽研醫學，久病成良醫。魏晉時期，屢屢婉拒朝廷延請出仕，後於針灸領域取得極高成就。

◉《高士傳》：皇甫謐撰，現存典籍分上、中、下三卷，按「身不屈於王公，名不耗於終始」的標準，採堯、舜、夏、商、周、秦、漢、魏八代之士，凡九十餘人。

孫壽

古代美妝潮流先驅

直播主小檔案

姓名：孫壽（？～西元一五九）
暱稱：襄城君
性別：女
主要成就：禍害權傾一時的奸臣梁冀
IG：@ 馭夫有術（追蹤者百萬＋）
YouTube：洛陽城美妝第一攻略（訂閱者百萬＋）
LINE 個性簽名：引領流行的後漢貴婦
屬性：美妝網紅
愛好：鑽研美妝、懲治小三

孫壽不是一般人。作為東漢權臣梁冀的妻子，她不僅牢牢掌控丈夫，還是古代美妝潮流的研究先驅之一。要了解她的厲害之處，先得認識她的丈夫梁冀——一個在朝堂上呼風喚雨、在家中卻對妻子俯首稱臣的男人。

梁冀出身顯赫，一門七侯，家族權傾天下。他的三個姊妹是皇后，六個姊妹是貴人，其餘親戚多是達官顯貴。他擔任大將軍二十多年，先後扶持三位皇帝登基，甚至毒殺過一位。然而，這樣一位古代版的「霸道總裁」，在面對妻子孫壽時，卻猶如老鼠見了貓。

孫壽是個大美人，顏值即正義，這成了她對抗梁冀的最大資本。在飛揚跋扈的梁冀面前，孫壽也絲毫不假辭色，行事霸道，從不妥協。兩人平日奢靡無度，作威作福，堪稱狼狽為奸的絕配。但在這段關係中，孫壽卻是梁冀的剋星。

梁冀拈花惹草的行徑屢見不鮮，而孫壽對此絕不容忍。一旦發現梁冀有外遇，她便雷厲風行地加以阻撓。某天，孫壽得知梁冀與情婦幽會，立刻率人衝到現場，將情婦綁回家中，甚至私設公堂。她深知女人愛美，便剪去情婦的頭髮，劃傷她的臉，狠狠懲罰；而對梁冀，她更是不留情面，直接上書向皇帝舉報，揭發丈夫不檢點的私生活。

面對比自己還霸道的妻子，梁冀是敢怒不敢言，只能眼睜睜看著自己的小情人受盡折磨。回到家後，他還要低聲下氣向孫壽賠罪，僅口頭道歉不夠，還得跪地求饒。然而，哪裡有壓迫，哪裡就有反抗。梁冀表面上對孫壽百般順從，背地裡繼續找情婦幽會，即便在孫壽嚴密的監視下，硬是和情婦生了一個兒子。只不過可笑的是，身為權傾朝野的大將軍，他竟認私生子的膽量都沒有，只能暗地裡鑿出一面附夾層的牆，將孩子藏在裡面生活，生怕被孫壽發現。

但天下哪有不透風的牆？孫壽很快便得知此事，勃然大怒，並毫不猶豫地命令自己的兒子殺掉丈夫的情婦。更令人震驚的是，孫壽要求梁冀對她忠誠，自己卻紅杏出牆，丈夫頭上的帽子早已綠得發亮。但即便明知這一切，梁冀也只能佯作不知，不敢流露半分怨恨。

古人直播室

我雖然在後世留下了罵名，但是說起馴夫，我可是一流的。可能直播室裡的太太們、甚至未婚的姊妹們，都很想知道我到底是怎麼做到的。我就傳授幾招給大家吧！

第一，心要狠。俗話說，女人不狠，地位不穩。男人，該打就得打，該罵就得罵，一天不收拾就心猿意馬了；第二，心要細。只要稍有風吹草動，就得立刻行動，尤其是那些路邊野花，絕對不能任憑她們爬到你頭上來。

孫壽擁有一張精緻的臉龐，並且極善於打扮。多數女子還在學習模仿妝容的時候，她早已成為被模仿的對象，掀起了那個時代的美妝潮流。

東漢桓帝元嘉年間，京城裡愛美的姊姊妹妹們，無不將孫壽視為潮流風向指標。風靡一時的「愁眉」、「啼妝」、「墮馬髻」等美妝技巧，都是出自孫壽之手。

在應劭的《風俗通義》中，還詳細記載了她的美妝攻略。第一步是畫眉，稱為「愁眉」。將眉毛畫得細長彎曲，呈現出一副愁容滿面、惹人憐愛之感；第二步是在眼睛下方點綴出「剛哭過」的氛圍，稱為「啼妝」；第三步則是打造髮型，稱為「墮馬髻」。髮髻特意梳往一邊，精髓在於一個「亂」字，彷彿剛從馬背上摔下來般，帶著自然率性的美感。

以上三步都是在外貌上的精雕細琢。然而，孫壽的魅力不止於此，她還有兩大法寶：「折腰步」和「齲齒笑」。

「折腰步」是孫壽的招牌步伐，行走間恍如柳枝搖曳，輕柔婀娜，極富韻味。但要想走出這樣的步伐，還得腰肢夠纖細，否則難以展現出柔美的效果。「齲齒笑」則更具挑戰性，需要極高的演技。笑時不能哈哈大笑，也不能呆滯傻笑，而是微微一笑，好似牙疼般輕輕抿唇，這時即可透出幾分楚楚可憐的韻味。

孫壽這一整套「惹人疼美學」，直擊男人的保護欲。試問，哪個男人能對擁有如此美貌的小可憐無動於衷？這正是她的過人之處。

孫壽堪稱美妝界教主，別說是她親自推薦的產品，就連她用過的胭脂妝粉，都被貼上了「孫壽同款」的標籤，一旦上架便立刻售罄。她的影響力更超越國界，連鄰國的貴婦都為她瘋狂。這些夫人不惜派人暗中跟蹤孫壽，只為追隨她使用的產品——她買什麼，她們便買什麼。掀起如此強大的搶購熱潮，放眼古今，堪稱一絕。

採訪側記

記者：孫姊，您今天的打扮依舊美麗動人。

孫壽：孫姊？

記者：孫……我是說漂亮小姊姊、小姊姊！（戰戰兢兢）

孫壽：這還差不多。難道我看起來很老嗎？

記者：當然不是！（大力搖頭）

孫壽：小心你的舌頭。

記者：但現在是法治時代……。

孫壽：什麼？你連那張臉也不想要了嗎？

記者：您先忙，我們先收播了！（快逃啊）

【知識大補帖】

◉《風俗通義》：又名《風俗通》，由東漢文人應劭所撰，內容記述當時的社會風俗和一些破除迷信的故事，深具智慧底蘊，且通俗易懂。

◉梁冀：東漢時期外戚出身的權臣，大將軍梁商之子，妹梁妠、梁女瑩為順帝、桓帝之皇后。才能平庸，不學無術。延熹二年（西元一五九年），漢桓帝與中常侍單超等人共謀誅滅梁氏，收繳其大將軍印綬，梁冀與妻子被迫自殺，後滿門遭斬。沒入其家產合計三十餘萬萬，相當於東漢政府一年租稅收入的一半。

第二章

【三國兩晉】該買梟雄的軍帽？還是美男的扇子？

曹操

一代梟雄的選品店

直播主小檔案

姓名：曹操（西元一五五～二二〇）
暱稱：阿瞞
性別：男
主要成就：實行屯田制，統一中原、北方，奠定曹魏政權的基礎
IG：@ 一代梟雄（追蹤者千萬＋）
YouTube：三國時代喝酒那些事兒（訂閱者千萬＋）
LINE 個性簽名：老驥伏櫪，志在千里
屬性：文武雙全
愛好：政治、軍事

曹操，作為一代梟雄，在動盪的三國時期，可謂是一位舉足輕重的名人。在《三國演義》中，他也是極為重要的核心人物。然而，小說與真實歷史之間仍有不少差異。

東漢末年，天下局勢混亂如一鍋沸騰的粥，而曹操在這亂局中忙得團團轉。他不僅想方設法對抗匈奴、烏桓和鮮卑等少數民族勢力，還致力於統一北方，穩定社會秩序。但別以為他只是個善於打仗的粗人，事實上，他在文學和書法領域同樣卓越不凡。

曹操是建安文學當之無愧的領軍人物。他創作的〈觀滄海〉、〈龜雖壽〉、〈短歌行〉三首古詩，至今仍為人們所傳誦。此外，他的書法成就也同樣出色，「袞雪」摩崖石刻便是他的真跡，被譽為書法史上的瑰寶。

曹操是一位文武雙全的代表人物。他在亂世中以軍事謀略馳騁沙場，更以文學和書法成就為後世留下了深遠的影響，堪稱傳奇。

古人直播室

別看我老是斡旋政壇、浴血沙場，寫詩作詞我也很拿手。今天趁著酒酣耳熱，挑一首大家耳熟能詳的〈短歌行〉，朗誦給大家聽聽吧！

對酒當歌，人生幾何！譬如朝露，去日苦多。

慨當以慷，憂思難忘。何以解憂？唯有杜康。

青青子衿，悠悠我心。但為君故，沉吟至今。
呦呦鹿鳴，食野之苹。我有嘉賓，鼓瑟吹笙。
明明如月，何時可掇？憂從中來，不可斷絕。
越陌度阡，枉用相存。契闊談讌，心念舊恩。
月明星稀，烏鵲南飛。繞樹三匝，何枝可依？
山不厭高，海不厭深。周公吐哺，天下歸心。

曹操是個時尚宰相，你相信嗎？這可不是隨口說說，「帢巾」的誕生就與他密切相關。這款由曹操親手設計的時尚單品，不僅增添了穿搭的帥氣感，還兼具禦寒功能，讓人一看就愛不釋手，手刀加入購物車。

東漢末年，戰亂頻仍，物資匱乏，即便是實力雄厚的軍隊也往往捉襟見肘。許多部隊連像樣的軍帽都配不齊，士兵的穿戴不統一，整體顯得極為鬆散，嚴重影響軍隊士氣。當時，士兵普遍佩戴的是「幅巾」，也就是用一條細絹包住頭，留下兩條小尾巴自然垂在肩膀上。然而，幅巾顏色各異，戴法隨意，曹操越看越皺眉，決定親自上陣當設計師。

曹操參考古代皮弁的形式，設計了作為軍帽的「帢巾」。這款頭巾有三大亮點：

一、穿戴方便，士兵們接受度高；
二、兼具防風禦寒的實用性與時尚感，成為士兵的必備單品；
三、提供多種顏色款式，用於區分不同部屬，既增強辨識度，又避免一成不變的單調感。

帢巾的推出，不僅統一了軍隊形象，也讓曹操在無意間成為軍中時尚的代表。

曹操還是一位養生宰相。他的直播室裡，永遠少不了美味健康的佳餚。他甚至在百忙之中，撰寫了一本名為《四時食制》的著作，專門介紹四季飲食的養生之道。書中詳細解說不同季節應該吃什麼、時令食材的特性，以及飲食上需要注意的禁忌，可謂貼心又實用。

在他的直播室裡，銷量最高的非水產莫屬。在《四時食制》中，曹操介紹了十四種魚的特性，從產地到烹飪方式，寫得一清二楚。想買魚？當然要來曹老闆的直播室買，不僅能挑到優質水產，還附贈一本《四時食制》。不會做？別擔心，翻開書一步步照做就行，曹老闆的服務一流又全面！看到如此誠意十足的直播，你還能忍住不跟單嗎？

吃好喝好，才是對生活最大的尊重！在曹老闆的直播室下了單，哪能不順便帶點美酒回家呢？

東漢建安元年（西元一九六年），熱愛美酒的曹操，向漢獻帝劉協推薦了一款家鄉亳州出產的「九醞春酒」，並特意撰寫一篇〈上九醞酒法奏〉。文中，曹操生動地描述這款酒的釀造方法和特點：

「臣縣故令南陽郭芝，有九醞春酒。法用麴三十斤，流水五石，臘月二日漬麴，正月凍解，用好稻米，漉去麴滓，便釀法飲。曰譬諸蟲，雖久多完，三日一釀，滿九斛米止，臣得法，釀之，常善。其上清滓亦可飲。若以九醞苦難飲，增為十釀，差甘易飲，不病。今謹上獻。」

就像他直播賣魚時的詳盡介紹一樣，曹操賣酒時也毫不含糊，釀酒工序一清二楚，讓你吃得舒心，喝得放心。據傳，九醞春酒是今天古井貢酒的前身，經曹操推薦後，成為皇室貢品。不得不佩服曹老闆的推廣手段，家鄉特產就這樣被他推上了皇帝的御桌。

正如曹操在詩中寫道：「對酒當歌，人生幾何！譬如朝露，去日苦多。慨當以慷，憂思難忘。何以解憂？唯有杜康。」人生嘛，就是要痛痛快快地飲酒解憂，想要釋放壓力？那就喝杜康吧！

採訪側記

記者：曹老闆最近直播好熱鬧啊，恭喜恭喜。

曹操：哈哈哈，這全靠選品選得好！

記者：可以和大家分享您如何選品嗎？

曹操：當然可以。說到選品，還是得注重品質，我一般都是自己先試用，用得好才會推薦給大家，尤其是食物，品質不過關那是絕不能上架的，不能賺黑心錢。比如好酒，我會嚴格品管，親自監管釀酒技術……（此處省略五千字）。

記者：這樣啊！這樣啊！（ＯＳ：還沒結束嗎……）

【知識大補帖】

◉建安文學：建安是漢獻帝的年號，建安文學，指的是曹氏勢力統治下的文學，創作主要是在建安年間。代表作家主要是曹氏父子（曹操、曹丕、曹植），建安七子（孔融、陳琳、王粲、徐幹、阮瑀、應瑒、劉楨）和蔡琰等。他們才華橫溢，敢於直抒胸臆，抒發了渴望建功立業的雄心壯志，掀起我國詩歌史上文人創作的第一座高峰。

◉「衮雪」摩崖石刻：現存唯一的曹操手書真跡，就是「衮雪」二字。東漢建安二十四年（西元二一九年），曹操在漢中褒谷駐軍，目睹褒河流水洶湧而下，撞石飛花，興致大發，便在石門棧道上揮筆寫下「衮雪」二字。隨從則在一旁提醒他：「衮字缺水三點。」誰知曹操哈哈一笑道：「一河流水，豈缺水乎！」

曹丕

皇帝親自吃播，讓葡萄走入尋常百姓家

直播主小檔案

姓名：曹丕（西元一八七～二二六）
暱稱：魏文帝
性別：男
主要成就：建立曹魏、大破羌胡、復通西域、繁榮建安文學
IG：@ 水果皇帝（追蹤者百萬＋）
YouTube：人間有皇帝，水果裡有王侯（訂閱者百萬＋）
LINE 個性簽名：嘉餚重疊來，珍果在一旁
屬性：嗜甜如命的螞蟻嘴
愛好：吃水果，最愛葡萄

魏文帝曹丕，梟雄曹操之子，正應了那句俗諺：「虎父無犬子。」曹丕不僅文武雙全，還是三國時期出類拔萃的政治家和文學家。

政治上，曹丕的業績可謂相當亮眼。當時，曹氏與士族之間的矛盾十分尖銳，為了緩和雙方的關係，他採納陳群的建議，確立了一項重要制度：九品中正制。此舉不僅緩解了緊張局勢，還成功贏得士族的支持，為他日後稱帝鋪平道路。後來也證明，曹丕這一步棋走得極為高明。

即位稱帝後，曹丕延續其政治上的優異表現。他迅速收攏權力，設立中書省，為士人提供施展才華的舞臺。隨著他的運籌帷幄，中書省逐漸成為朝廷的核心機要部門。與此同時，為了防止宦官干政，他果斷頒布「宦人為官者不得過諸署令」，並嚴令太監不得干涉政事。整體來看，曹丕在政治上的能力相當卓越，但相較之下，他的軍事才能仍不及父親曹操那般耀眼。

在文學領域，曹丕同樣才華橫溢。他與父親曹操及弟弟曹植並稱「建安三曹」。他所創作的〈燕歌行〉是中國現存最早的文人七言詩，此外，他還擅長五言詩和樂府詩。更值得一提的是，他撰寫的《典論・論文》，是中國文學批評史上第一篇專題論文，開啟文學批評的風氣。

古人直播室

聽說老爸在直播時朗誦了他寫的詩，我也來和大家分享一首自己的名作吧！

〈燕歌行〉

秋風蕭瑟天氣涼，草木搖落露為霜，群燕辭歸雁南翔。

念君客遊思斷腸，慊慊思歸戀故鄉，君何淹留寄他方？

賤妾煢煢守空房，憂來思君不敢忘，不覺淚下沾衣裳。

援琴鳴弦發清商，短歌微吟不能長。

明月皎皎照我床，星漢西流夜未央。

牽牛織女遙相望，爾獨何辜限河梁？

我在詩中描寫一名女子對丈夫的思念之情。思想家王夫之稱讚這首詩「傾情，傾度，傾色，傾聲，古今無兩」，大家會不會覺得這樣的讚美有點誇張呢？哈哈哈！

早在先秦時期，中原地區還見不到葡萄。到了漢武帝當政，張騫遠赴西域，開啟了「海外代購的路線」，將葡萄帶回中原。據《史記・大宛列傳》記載：「漢使取其實來，於是天子始種苜蓿、蒲陶肥饒地。」當時，葡萄被稱為「蒲陶」，後來成了曹丕的心頭好。

在曹丕之前，葡萄僅是小眾水果，唯有達官貴人才能品嘗其甜美。然而，曹丕不僅對葡萄情有獨鍾，還熱中於與眾同樂，每逢宴飲，必拿出葡萄款待群臣。身為嘗遍佳餚的一國之君，卻仍大加稱譽葡萄之美味：「南方有龍眼荔枝，寧比西國蒲陶石蜜乎？」

有了皇帝親自上陣吃播，葡萄要不火紅都難。就這樣，葡萄逐漸走向大眾，越來越多人種植並食用葡萄。涼州還因此成為知名的葡萄產地，連曹丕都對涼州的葡萄讚不絕口：「醉酒宿酲，掩露而食，甘而不膩，脆而不酸，冷而不寒，味長汁多，除煩解倦……道之固已流涎咽嗌，況親食之邪……即遠方之果，寧有匹者乎？」這些詞句形容得如此精妙，讓人光聽就忍不住垂涎三尺。如此甜而不膩、脆而不酸、甘甜綿長的美味，誰能抗拒曹丕這一波波洗腦力推？

曹丕這番話無異於為涼州的葡萄親自代言，再加上價格親民，普通百姓也吃得起，於是涼州葡萄一時間風靡大江南北，成為家喻戶曉的美味佳果。

當葡萄走入尋常百姓家，豪門貴族則開始追求更高端的享受：釀造葡萄酒。當時，貴族的餐桌上若少了葡萄酒，排場可是不夠看。

唐太宗貞觀十三年（西元六三九年），唐軍攻破高昌國（今新疆吐魯番），因而解鎖了馬乳葡萄（因形狀酷似馬奶而得名）及其釀造葡萄酒的方法。一時間，唐太宗成了葡萄酒的忠實粉絲，還親自研究釀酒之法。他透過調整酒麴的種類和用量，釀造出八種葡萄酒，據記載「芳辛酷烈，味兼醍益」，堪稱頂級佳釀。

大臣魏徵也是釀酒高手，其技術甚至讓唐太宗讚不絕口，稱其「千日醉不醒，十年味不敗」。在一代又一代的改良中，當時的葡萄酒工藝不斷升級。嗜酒如命的詩人李白，也是葡萄酒的忠實追隨者，並曾在詩中寫道：「遙看漢水鴨頭綠，恰似葡萄初醱醅」，甚至幻想整條江水都能化作春酒，足見其對葡萄酒的熱愛。

到了明朝，李時珍在《本草綱目》中詳細記錄葡萄酒的釀造方法和功效。他提到，釀酒可用數十斤葡萄配以大麴，也可以不加麴，這與現代的葡萄酒釀造法已頗為相似。此外，李時珍也肯定葡萄酒的養生功效，比如「暖腰腎，駐顏色，耐寒」。到了清代，康熙皇帝更將葡萄酒視為補品，日常飲用，稱其「甚覺有益」，堪稱葡萄酒的實踐推廣者。

而追溯到三國時期，曹丕對葡萄的熱愛可謂前無古人，後無來者。他幾乎片刻離不開葡萄，無論是讀書、解渴、清醒或醉酒時，葡萄始終是這位水果皇帝案頭少不了的經典款。

採訪側記

記者：曹老闆，您在直播室兜售的葡萄，現在還能下單嗎？

曹丕：在我這裡，可都是上架秒殺的啊！

記者：哎呀，又沒搶到……。

曹丕：沒關係，聯繫我的助理，我把原本要留給自己的送你吧！

記者：那真是太感謝您了。

曹丕：酒也要嗎？

記者：呃，但我酒量不太好……。

曹丕：沒事，天冷就帶個幾瓶吧。我剛也請助理準備了。

記者：看來您也是團購界的梟雄啊！

【知識大補帖】

◉《典論・論文》：中國文學批評史上的第一部文學專論。《典論》全書由多篇專文組成，涵括政治、社會、道德、文化論集等領域，〈論文〉是其中一篇。《典論》的文章至今已大都散佚，僅餘斷簡殘篇。但幸運的是，〈論文〉因被南朝的蕭統選入《昭明文選》，得以完整保留下來。

◉魏徵：唐朝初年傑出的政治家、思想家、文學家和史學家。早年參加瓦崗起義，跟隨魏公李密，但不得重用。武德元年（西元六一八年），歸降唐朝，並說服李密舊部徐世勣獻地歸唐。曾多次直言進諫，推行王道，提出「兼聽則明，偏聽則暗」、「居安思危，戒奢以儉」，並主張「薄賦斂」、「輕租稅」、「息末敦本」、「寬仁治天下」等，輔佐李世民共創「貞觀之治」。

嵇康

Oversize 就是帥，我是自由的美男

直播主小檔案

姓名：嵇康（西元二二四～二六三）
暱稱：嵇公
性別：男
主要成就：「竹林七賢」的精神領袖，開創玄學新風
IG：@ 竹林七賢－嵇康（追蹤者百萬＋）
YouTube：竹林七賢－嵇康（訂閱者百萬＋）
LINE 個性簽名：自由，不是想做什麼就做什麼，而是不想做什麼就不做什麼
屬性：「竹林七賢」的精神領袖
愛好：放蕩不羈愛自由

嵇康，三國時期曹魏的思想家、音樂家、文學家，同時也是「竹林七賢」的精神領袖。他才貌雙全，人品俱佳，雖說「人無完人」，但嵇康無疑接近完美。

參加古代「直播團購大會」的帥哥雖多，但嵇康絕對是其中的頂尖代表。就連一向惜字如金的官方史書，在描述他的外貌時也不吝讚美，用了足足三十二個字來形容：「身長七尺八寸，美詞氣，有風儀，而土木形骸，不自藻飾，人以為龍章鳳姿，天質自然。」簡單來說，就是高大帥氣、氣質非凡。嵇康的友人也一致認為，他的帥氣無人能及。

同為「竹林七賢」的山濤如此形容嵇康：「嵇叔夜之為人也，岩岩若孤松之獨立；其醉也，傀俄若玉山之將崩。」這是什麼概念？如果一個男人能讓其他男人也心悅誠服地稱讚他帥，那他絕對帥得非比尋常。

嵇康的兒子嵇紹同樣顏值出眾，還曾被形容為「鶴立雞群」。然而，「竹林七賢」之一的王戎卻表示，說這話的人肯定沒見過嵇康，因為嵇康的帥氣已經超越了常人的想像。

朋友的評價或許帶有濾鏡，但從曹操的曾孫女長樂亭主的選擇，便足以證明嵇康顏值的真實性。嵇康二十四歲時來到洛陽，一到洛陽便引發轟動，無數女孩為他深深著迷，難以自拔，尤其是長樂亭主，堪稱外貌協會會長，直接表明想嫁給嵇康。最終，她如願成為嵇康的妻子，得以日日面對這張堪稱藝術品的臉蛋。

如果嵇康只是擁有神仙般的容貌，其個人魅力或許不至於如此驚人。可偏偏他又滿腹經綸，令人無法忽視。在四言詩領域，嵇康堪稱權威，並被評價為在《詩經》之後，四言詩的大成者非曹操與嵇康莫屬，除此之外，無人能與之比肩。

在全民熱中養生的魏晉時期，嵇康寫下了〈養生論〉。這是中國養生學史上第一篇較全面且具系統性的養生專論，主張「形神兼養，重在養神」，不僅奠下中國養生學的理論基礎，更可謂開創性之作。

嵇康長得既帥氣，又一身才華，更難能可貴的是他率真的個性。一身傲骨的他，為人處世始終遵循「內不愧心，外不負俗」的原則，坦蕩自若，隨性灑脫。他厭惡官場的爾虞我詐，只求寄情山水，逍遙自在。他的好友山濤曾在卸任尚書吏部郎時，向皇帝推薦嵇康接替自己的職位。嵇康得知後，非但不覺感激，反而寫了一篇著名的〈與山巨源絕交書〉，表達內心的不滿。他在這封絕交信中寫道：

「吾昔讀書，得並介之人，或謂無之，今乃信其真有耳。性有所不堪，真不可強。」

大意是，我過去讀書時，聽聞有一種人，既能兼濟天下，又能堅持操守。我曾以為那種人根本不存在，如今才相信是真的。但因自身性格使然，無法接受一些事，因此也實在沒必要勉強。

這封絕交信，不僅反映出嵇康的性格，更展現其超然於名利之外的堅持。從他發自內心的灑脫，我們看見了這位「竹林七賢」之首的超凡魅力。

古人直播室

曹氏父子太有才了，那我也來念一首自己的小詩吧。

〈四言贈兄秀才入軍詩〉

流俗難悟。逐物不還。至人遠鑑。歸之自然。萬物為一。四海同宅。與彼共之。予何所惜。生若浮寄。暫見忽終。世故紛紜。棄之無成。澤雉雖飢。不願園林。安能服御。勞形苦心。身貴名賤。榮辱何在。貴得肆志。縱心無悔。

這是一系列的組詩，大家要是感興趣，還可以找其他首來讀讀。

喜歡無拘無束的朋友注意啦！嵇康鄭重推薦他的穿衣新時尚：「寬衣博帶」。簡單來說，寬衣就是寬大的衣服，博帶則是寬大的腰帶，組合在一起，就是今天的 oversize 風格。這套穿搭的精髓在於「隨心隨性」：上衣特別寬鬆，想解開就解開，想脫掉就脫掉，完全無拘無束。袖子更是寬大肥美，穿上之後還能感受到陣陣穿透袖口的清風，整個人立時變得飄逸瀟灑，氣質拉滿。

身為「竹林七賢」的精神領袖，嵇康時常帶著阮籍、山濤、向秀、劉伶、王戎和阮咸幾位好友，在竹林裡痛飲高歌。他們最令人矚目的就是一身寬衣博帶，澈底詮釋了什麼叫「灑脫自在」。當嵇康以寬衣博帶登場，魏晉文藝界的粉絲們紛紛跟風支持，成為當時最火熱的潮流穿搭；除此之外，其餘六位「竹林七賢」的追隨者也多如牛毛，場場團購，件件爆單！

有人可能會問：「男人穿寬衣適合，那女人呢？」嵇康堅定地告訴你：「當然適合！」男女平等，寬衣是人人共享的潮流新指標！嵇康認為，無論男女，每個人都應該享受 oversize 帶來的自由與舒適，這就是魏晉時期最潮的態度！

採訪側記

記者：嵇先生請留步，給我們一點時間採訪好嗎？

嵇康：我想不太好。

記者：唔……就一下下好嗎？

嵇康：那就快說吧。

記者：好的，您最近是否也常和竹林中的朋友聚會交遊呢？

嵇康：這個問題，你可以選擇不知道。

記者：這個……我選擇知道好了。

嵇康：但我並不知道。

記者：呃……好……還是不打擾您了。

【知識大補帖】

◉竹林七賢：指嵇康、阮籍、山濤、向秀、劉伶、王戎及阮咸，七人因常在山陽縣（今河南焦作修武縣，可能為今雲臺山一帶）的竹林下縱歌酣暢，世謂「竹林七賢」。

◉長樂亭主：曹操之子曹林的孫女。值得一提的是，曹林的母親杜夫人原是呂布部將秦宜祿的妻子，後被曹操奪人之愛，兩人還育有金鄉公主，金鄉公主後來成了曹魏玄學家何晏之妻。

王羲之

我的名字就是最強 IP

直播主小檔案

姓名：王羲之（西元三〇三～三六一）
暱稱：王右軍
性別：男
主要成就：書法自成一家，影響後世深遠，人稱「書聖」
IG：@ 羲之愛鵝（追蹤者千萬＋）
YouTube：王羲之書法講堂（訂閱者千萬＋）
LINE 個性簽名：一紙風流千古傳
屬性：書法家
愛好：寫字

說起書法，你最先想到誰？毫不誇張地說，十之八九的人會回答：「王羲之。」無論男女老少，只要提到王羲之，幾乎都知道他是書法界的代表人物，這就是王羲之的名氣和影響力。

王羲之，琅邪臨沂（今山東省臨沂市）人，因曾擔任右軍將軍、會稽內史，又被稱為「王右軍」。但他最為人稱道的，便是「書聖」的顯赫名頭。

王羲之生於名門望族，自幼便展現出過人的書法天賦。十二歲時，父親便親自傳授他筆法，並教導他「語以大綱，即有所悟」，讓他領悟書法的精髓。年少時，他拜著名女書法家衛夫人為師，潛心學習書法。王羲之的草書得自張芝的傳承，正書則師法鍾繇。不同於旁人學而不精，王羲之不僅採眾家之長，更能融會貫通，自成一派，成為書法史上的一代宗師。他曾驕傲地說：「貴越群品，古今莫二。」足以彰顯他的自信與實力。

在書法史上，王羲之與鍾繇並稱「鍾王」，與兒子王獻之合稱「二王」。他的成就讓後世無數書法家奉為典範，奠定其「書聖」的崇高地位。

古人直播室

有人朗讀自己寫的詩，有人跳起了婀娜多姿的舞蹈，那麼我也來小試身手，展露一下我的高超書道技法吧。快拿筆墨紙硯過來！

如果王羲之稱自己的書法天下第二，絕對沒人敢站出來自稱第一。他所撰寫的〈蘭亭集序〉堪稱「天下第一行書」，無人能及。王羲之不僅懂得欣賞書法之美，更以遒勁自然的風格將書法的美感展現得淋漓盡致。他的書法平和自然，筆勢含蓄中透著遒勁健美，完全不同於漢魏時期的筆風，自成一派，形成獨特的個人風格。這也難怪後世的書法家總是臨摹其法帖，並奉之為圭臬。

名氣如此響亮的王羲之，做起直播團購，效果自然也是非同凡響。

據說有一天，王羲之在市集上閒逛，看到一位老婆婆正在賣竹扇。只見老婆婆吆喝得聲嘶力竭，就像恨不得要喊破了嗓子，竹扇依然乏人問津。王羲之走近一瞧，立刻明白了原因：竹扇簡陋平凡，毫無吸引力，難怪沒人光顧。

然而，老婆婆要是賣不出竹扇，今天就沒有收入，連吃飯都成了問題。於是，她更加賣力地吆喝著，但攤位前方依舊冷清，偶爾幾人上前探看，卻都搖搖頭轉身離開。

王羲之一片熱心腸，眼見老婆婆的焦急，便走到老婆婆面前，微笑說道：「老婆婆，您的竹扇看來有點單調，確實不好賣。不如這樣，我給您的竹扇題上幾個字，您再試著賣賣看，說不定會更好賣。」

老婆婆看著眼前的陌生人，心生疑惑，不知這人葫蘆裡賣的是什麼藥。但眼下生意慘淡，情況再壞也不過是依然乏人問津。不如就讓他試試，死馬當活馬醫吧。

王羲之接過竹扇，備妥筆墨，認真地題寫起來。老婆婆不識字，也不懂書法，乍見原本乾乾淨淨的竹扇被他寫上了潦草的字跡，心想這不是更醜了嗎？不禁皺起了眉頭想著，怎麼辦，扇子豈非更難賣了嗎？

這時，王羲之雲淡風輕地對老婆婆說道：「您只需告訴大家，這扇子上的字是王右軍寫的。放心吧，要是還賣不出去，我全包了！」

老婆婆半信半疑，心裡嘀咕著：「真敢說大話啊！」但也別無他法，她便開始朝來往的路人高喊：「這是王右軍親筆題字的竹扇喲！」

這一喊，立時引起了旁人的注意。「王右軍的字?!」人們立刻圍了上來，仔細端詳著竹扇，認出的確是王羲之的筆跡後，都興奮得差點跳起來，紛紛掏錢買下竹扇。消息一傳十，十傳百，前來買竹扇的人越來越多，到後來，客人索性連價錢都不問，大方給了錢後，便像捧著墨寶般恭敬地取過扇子，心滿意足地離開。

採訪側記

記者：書聖您好，能不能向我們的觀眾傳授幾招練字的訣竅？

王羲之：其實沒什麼訣竅，無非就是多看、多練。

記者：多看、多練，就能變得像您一樣嗎？

王羲之：呃……多少還需要一點天賦吧。

記者：畢竟天下第一可不是誰都能練成的啊！能跪求您的一幅墨寶嗎？（迅速

送上筆墨紙硯）。

王羲之：那好吧！（大筆一揮寫下幾個大字：追蹤羲之愛鵝）

【知識大補帖】

◉〈蘭亭集序〉：永和九年（西元三五三年）三月三日，時任會稽內史的王羲之邀請好友謝安、孫綽等四十一人來到會稽山陰的蘭亭雅集，眾人推杯換盞、飲酒賦詩。之後，王羲之將友人所吟作的詩賦輯成一集，並作序一篇，也就是〈蘭亭集序〉，詳細記錄了當時的情景。

◉行書：由隸書逐漸演化而來，流行於東漢末年，至東晉可謂極盛時期，王羲之即是行書成熟時期最具代表性的人物。

謝安

東晉第一美男的帶貨奇蹟

直播主小檔案

姓名：謝安（西元三二〇～三八五）
暱稱：江左風流宰相
性別：男
主要成就：挫敗桓溫篡位意圖，使晉室得以存續
IG：@ 東山的隱士（追蹤者千萬＋）
YouTube：東山一家人的隱居生活（訂閱者千萬＋）
LINE 個性簽名：東山再起就是我
屬性：與人同樂，與人同憂
愛好：隱居、遊山玩水

謝安，字安石，出身名門世家，自幼天資聰穎。四歲時，朝中大臣桓彝便稱讚他「風采神態清秀明達」，可謂年少早慧。俗話說「三歲看老」，果不其然，長大後的謝安成為標準的美男子：儒雅俊美的外表、出眾的才華、琴棋書畫樣樣精通，可謂東晉時期名副其實的「超級偶像」。更難能可貴的是，他不僅才學過人，還精通文韜武略，是東晉著名的政治家和軍事指揮官，史上以寡擊眾的著名戰役——淝水之戰，正是由他一手指揮。

謝安的性格沉穩內斂，喜怒不形於色。淝水之戰的捷報送到謝安手中時，他正與客人對弈。只見他面無表情地接過捷報，淡然看了一眼，就隨手放到一旁，仍專注於棋局。對面的客人看著這架式，忍不住追問戰情，謝安只輕描淡寫地說：「沒什麼，已經打敗敵人了。」棋局結束後，客人離開，謝安才按捺不住內心的喜悅，高興得手舞足蹈，一不小心還踩斷了木屐的屐齒。

淝水之戰的勝利讓謝安聲名大噪，他成了老百姓心目中真正的英雄，幾乎到了「愛屋及烏」的地步。他因罹患鼻炎，說起話來常帶有濃重的鼻音，按理說這是個缺點，但因為是謝安，人們非但不覺得突兀，反而認為他的鼻音「悅耳動聽」。還有粉絲特意模仿他的鼻音，捂著鼻子吟詩。謝安的魅力不僅征服了當時的庶民百姓，連後世文人大家如李白、王安石，也都是他的忠實粉絲。

古人直播室

我需要靠在直播表演才藝來吸引觀眾嗎？
告訴你們，有顏值就夠了，才華能吸引來幾隻小貓？

說起謝安的帶貨功力，一般人可是學不來的。他不靠技巧、不靠口才，純粹仰賴粉絲對他的愛戴，利用自身影響力帶動消費的熱潮，絕對是直播界的第一把交椅。

比如「扇子」，王羲之也曾直播帶貨，效果相當不錯。他親自在扇子上題字，瞬間讓一把平凡的扇子搖身一變成了傳世佳品。謝安的做法則更加簡單直接，投資報酬率更是高得驚人。

故事要從謝安在中宿縣（今廣東清遠縣）做官時說起。一位同鄉因犯錯遭罷官，無奈之下只能捲鋪蓋回老家，臨走之前，特意來向謝安辭行。一見面，這位同鄉便哭訴起自己的不幸境遇：仕途不順、生活坎坷，滿腹委屈一股腦兒都倒了出來。

謝安本來就是個重情義的人，見到同鄉如此落魄，心中難免唏嘘。他一邊安慰對方，一邊關切地問道：「你回家的旅費夠嗎？」

不問還好，一問之下，同鄉又忍不住嘟囔著抱怨起來，他說：「我這兒要錢沒有，只剩五萬把蒲葵扇。可眼下又不是夏天，誰會向我買扇子呢？但就算我扛回老家，也賣不出去啊。」

謝安聽完，心中思索一番，這些蒲葵扇沒什麼特別之處，想靠扇子本身來吸引人，確實有難度。但這可難不倒謝安。他淡定地向同鄉要了一把蒲葵扇，隨即開啟了他的「KOL帶貨之旅」。

只要是謝安上陣，不需要直播室，廣闊天地就是他的舞臺；不需要吆喝叫賣，他就算沒開口，迷弟迷妹也早已心甘情願地淪陷；更不需要打價格戰，價格？壓根就不重要！

謝安手中的蒲葵扇，成了他的時尚配件，不論走到哪裡，蒲葵扇都形影不離。他會隨意地搧幾下，舉手投足間散發著儒雅瀟灑的從容氣度，見到他的人無不為之傾倒。就這樣，曾經平平無奇、鄉下老嫗才會用的蒲葵扇，在謝安的加持下，一躍成為時尚界的寵兒，掀起了「手搖蒲扇是風流」的熱潮。

一時間，滿城盡帶蒲葵扇，生怕手裡沒有一把就跟不上潮流。於是，同鄉那五萬把滯銷的蒲葵扇，火速銷售一空，甚至供不應求。更讓人驚訝的是，「安乃取其中者捉之，京師士庶競市，價增數倍」，扇子不僅爆單，價格居然還翻了好幾倍。

謝安的這一波推播，簡直可說是「現象級」操作！唐代詩人雍裕之也不禁感嘆：「羨爾逢提握，知名自謝公。」言下之意，謝安不過隨手一提，就讓一件平凡無奇的商品變得人盡皆知。

憑藉一人之力，淡季變旺季，扭轉乾坤，成就「蒲葵競市」的傳奇佳話，稱其為「東晉第一美男的帶貨奇蹟」，一點也不為過。

採訪側記

記者：謝老師，最近在您的帶動下，蒲葵扇成了老百姓出門必搭單品，您有何感想？

謝安：這完全是家鄉父老對我的偏愛。

記者：王羲之也賣過扇子，您覺得和他有什麼不同？

謝安：沒什麼不同，都是承蒙大家厚愛。

記者：但有些人可能不喜歡您的作風，您想對他們說什麼呢？

謝安：天下還有不喜歡我的人嗎？

記者：呃……如果有的話……。

謝安：叫他們來看我的直播，他們就會知道不喜歡我是他們的損失。

【知識大補帖】

◉淝水之戰：西元三八三年，東晉與前秦之間的一場決定性戰役，發生於東晉十六國時期的淝水（今安徽壽縣東南）。東晉軍隊以八萬兵力大勝號稱超過八十萬（實約二十多萬）的前秦軍隊，成為中國歷史上著名的以少勝多戰役。此戰導致前秦衰敗、北方分裂，東晉則乘勢北伐，將邊界推進至黃河南部，並使北府兵聲威大振，謝安、謝玄等人因此名垂青史。

◉桓彝：字茂倫，譙國龍亢（今安徽省懷遠縣龍亢鎮）人。西晉時期大臣，東漢名儒桓榮九世孫，大司馬桓溫父親。出身譙郡桓氏，能文善武，頗有政績，深受百姓愛戴。

陶淵明

人生，就是要活出真我

直播主小檔案

姓名：陶淵明（約西元三六五～四二七）
暱稱：靖節先生
性別：男
主要成就：田園詩派創始人，文學史上第一位大量創作飲酒詩的詩人
IG：@ 五柳先生（追蹤者千萬＋）
YouTube：寂寞又愛寫詩的田園網紅（訂閱者千萬＋）
LINE 個性簽名：有時，人生不如一句陶淵明
屬性：田園詩人
愛好：隱居、種菊、喝酒

陶淵明生於東晉，著有《陶淵明集》，被譽為「隱逸詩人之宗」、「田園詩派之鼻祖」，孟浩然、王維等一眾名詩人都是他的忠實粉絲。陶淵明出生時，家境還算不錯，然而八歲父親去世後，家道中落，從此與母親相依為命，日子過得十分清苦。

儘管生活艱難，陶淵明始終沒有放棄讀書。倘若當時有科舉制度，他肯定能憑藉自身的實力輕鬆考取。慶幸的是，金子在哪裡都能發光。二十九歲時，陶淵明入朝為仕，擔任江州祭酒。大家一聽「祭酒」容易產生誤會，實際上這個職位的工作與酒毫無關係，主要職責是教化百姓。

他的直屬上司，是王羲之的兒子王凝之。但這位上司熱中於四處祭祀拜神，往往將工作丟給陶淵明。原以為少了上司在一旁盯梢，做起事來會更輕鬆，不料事與願違，上司不在，一切的黑鍋和責任都落到了陶淵明的頭上。

眼看情勢不利，陶淵明盤算著自己的存款，認真思考了未來的生活，最終決心辭職。這是他第一次辭官，回歸田園生活。然而，這並未結束他的官場生涯，後來他又被延請出仕，先後擔任建威參軍、鎮軍參軍和彭澤縣令等職位。

彭澤縣令是他的最後一份工作。他在任上僅僅做了八十多天，就再度辭官，澈底與官場告別。從此安靜地待在山間度日，做起了「Free lancer（自由工作者）」：種地、寫詩，偶爾直播團購，過著逍遙自適的人生。

古人直播室

大家都知道，我的工作是寫詩，尤其嗜寫田園詩。就讓我透過直播讀詩，向大家推廣田園生活的美好吧！

〈歸園田居〉（其一）

少無適俗韻，性本愛丘山。
誤落塵網中，一去三十年。
羈鳥戀舊林，池魚思故淵。
開荒南野際，守拙歸園田。
方宅十餘畝，草屋八九間。
榆柳蔭後檐，桃李羅堂前。
曖曖遠人村，依依墟里煙。
狗吠深巷中，雞鳴桑樹顛。
戶庭無塵雜，虛室有餘閒。
久在樊籠裡，復得返自然。

陶淵明與菊花，堪稱天作之合的完美CP組合。陶淵明以孤高傲世之姿，不願與當代官場同流合汙；所栽種的菊花則以高潔堅貞的品性，在一片蕭瑟凌霜的大地上盛開。菊花不會說話，更不會寫詩，但陶淵明能為其賦詩，並向菊花深情表白：「芳菊開林耀，青松冠巖列。懷此貞秀姿，卓為霜下傑。」詩人與菊花達到了合而為一的精神境界，世上恐怕只有陶淵明能夠做到這一點。

在自由恬適的田園生活中，陶淵明「採菊東籬下，悠然見南山」，平日最愛的就是詠菊、採菊、飲菊、食菊。透過詩人推介，菊花的清新隱逸之韻更是深入人心，凡是嚮往隱逸情懷的人，都熱愛以菊花作喻。

當然，菊花除了寄託情懷，還具備藥用價值。陶淵明在〈九日閑居〉中提到，「酒能祛百慮，菊解制頹齡」，指出酒可消愁解憂，菊花能延年益壽。這可不是他隨口捧場之言，自古以來，菊花就被譽為「長壽花」、「延齡客」。魏晉文學家傅玄亦嘗言：「服之者長壽，食之者通神。」《神農本草經》也記載：「久服利血氣，輕身、耐老、延年。」

在陶淵明的引領下，菊花已成為隱逸的象徵，在後世擁有無數的追隨者，縱然百年、千年過去，餘香猶存。比如元好問曾如此感慨：「柴桑人去已千年，細菊斑斑也自圓。」鄭燮也說：「想因會得淵明性，爛漫黃花著一墩。」喜歡菊花的人必然喜歡陶淵明；而喜歡陶淵明的人，也必然會愛上菊花。

陶淵明愛菊，也愛酒，這兩者並無先後之分，都是詩人打從心底鍾愛之物。他在

〈五柳先生傳〉中，坦率地介紹了自己：「性嗜酒，家貧不能常得，親舊知其如此，或置酒而招之；造飲輒盡，期在必醉。既醉而退，曾不吝情去留。」言簡意賅地展現其豪放性格：愛酒成癖，卻灑脫自然，不拘俗禮。

陶淵明的愛酒情懷，也讓他成為中國文學史上第一個大量創作飲酒詩的詩人。酒是他詩作的常客，百餘篇作品中，與飲酒有關的就占了三分之一。這股全心熱愛，簡直就是酒的年度代言人。後來，李白、杜甫、白居易等一票愛酒成癖的詩人，無不深受陶淵明影響。比如白居易在〈效陶潛體詩十六首〉中坦言道：「先生去已久，紙墨有遺文。篇篇勸我飲，此外無所云。」明顯是受到陶淵明的酒風薰陶，一邊感慨，一邊瞻仰陶淵明的隨興人生。

當然，陶淵明愛酒，並非單純放縱自己，而是推崇隨性而為的人生哲學。他也勸世人別執著於塵世繁雜，凡事不必過於計較，餘生本短，學會看淡一切，將煩惱交給美酒。但同時，他也提醒大家，飲酒無妨，但須保有酒品，適度而止，切莫醉得一塌糊塗。

如此說來，陶淵明的酒風，實則是一種瀟灑自如的生活態度，亦是人生智慧的最好詮釋。

採訪側記

記者：靖節先生，您最近的收成怎麼樣？

陶淵明：別提了，種豆南山下，草盛豆苗稀。唉！

記者：但我看您的菊花種得特別好。

陶淵明：你要聊菊花，我的精神就來了。說起菊花啊……（溢美之詞如滔滔江水連綿不絕）

記者：唔，您的精神來了，我倒是有點睏了……我們換個話題吧？

陶淵明：不然就聊聊我最近上架的酒吧。一醉解千愁！

記者：直播上可不方便勸酒……（小聲提醒）

陶淵明：小酌怡情，大酌才傷身，切忌貪杯即可。大家趕快加入購物車！

記者：今天的採訪到此結束！（轉頭看導播，最後一段記得剪掉啊）

【知識大補帖】

◉《神農本草經》：又稱《本草經》或《本經》，託名「神農」所作，實則成書於漢代，是中醫四大經典著作之一，也是已知最早的中藥學著作。全書分三卷，以簡練易懂的語言記載了三百六十五種藥材，具中藥理論精髓，如今許多藥材仍是臨床常用藥。

◉元好問：字裕之，號遺山，世稱遺山先生，金朝末年至大蒙古國時期文學家、歷史學家，是宋金對峙時期北方文學的主要代表、文壇盟主，也是金元之際在文學上承前啟後的橋梁，被尊為「北方文雄」、「一代文宗」。

◉鄭板橋：原名鄭燮，字克柔，號理庵，又號板橋，人稱板橋先生，江蘇興化人，祖籍蘇州，清代書畫家、文學家。一生畫過蘭、竹、石，自稱「四時不謝之蘭，百節長青之竹，萬古不敗之石，千秋不變之人」。其詩書畫，世稱「三絕」，為清代較具代表性的文人畫家。

謝靈運

少了一雙謝公屐，何以去旅行

直播主小檔案

姓名：謝公義（西元三八五～四三三）
暱稱：大謝、客兒、謝康樂
性別：男
主要成就：反內耗的上班族表率，開創獨樹一幟的山水詩派
IG：@ 腳著謝公屐，身登青雲梯（追蹤者千萬＋）
YouTube：跟著謝公屐去旅行（訂閱者千萬＋）
LINE 個性簽名：有錢就是任性
屬性：士族子弟、官二代
愛好：發明事物、旅行

謝靈運，名公義，字靈運，小名客兒，既是富二代，也是官二代，出身顯赫的世家大族。他自幼天資聰穎，才華橫溢，堪稱同輩中的典範。祖父謝玄是赫赫有名的軍事家，常對這個孫子的天賦讚嘆不已，還曾說道：「我生了謝瑍，謝瑍卻怎麼生出靈運的呢！」言外之意是驚嘆謝靈運的聰明才智遠超其父。

十六歲時，謝靈運承襲了祖父的爵位，被封為康樂公，享受兩千戶的稅收待遇。當時，有人提議讓他擔任員外散騎侍郎的職務，他卻任性地拒絕了。擁有豐厚的財產和深厚的人脈，謝靈運無需為生計操心，過著富足悠然的生活。

有錢有閒的謝靈運，醉心於山水，尤其偏愛險峻幽深的自然風光。他回到家鄉後，經常與謝惠連、何長瑜、荀雍、羊璿之等好友一同遊山玩水，被當地人稱為「山澤四友」。這番對自然景物的熱愛，讓謝靈運成為中國山水詩派的開創者。其詩作描繪山水的細膩、真切，將自然之美展現得淋漓盡致，深深影響後世無數文人墨客。

除了詩詞造詣，謝靈運還是一位佛學大家，深入研究佛經。他曾參與《大方廣佛華嚴經》、《大般涅槃經》等經典的潤改與注釋，並編撰一部梵漢字典，名為《十四音訓敘》。此外，他創作大量帶有禪意的文章，如〈石壁立招提精舍〉、〈和范光祿祇洹像贊〉、〈維摩經十譬贊〉、〈淨土詠〉、〈佛影銘〉等，更以《辨宗論》這部理論性著作，對佛學發展進行深刻剖析，為後來的唐宋禪學與宋明理學奠定思想基礎。

古人直播室

我不會唱歌跳舞，帶動不了氣氛。但我這一生有許許多多的感慨，想和大家分享。別笑我明明在直播還這麼殺風景，我只是想表達自己在人生即將走到盡頭時，內心滿懷的無奈之情。聽了我這首詩，各位可要好好珍惜剩下的每一天。

〈歲暮〉

殷憂不能寐，苦此夜難頹。
明月照積雪，朔風勁且哀。
運往無淹物，年逝覺已催。

熱愛遊山玩水的謝靈運，為了體驗更好的山旅，不惜耗費心力發明了一款登山裝備：謝公屐。這是一款專門用來登山的運動鞋，連大詩人李白看了都忍不住下單，還幫忙宣傳「腳著謝公屐，身登青雲梯」。

謝靈運熱愛奇險陡峻的山峰，因此非常注重裝備，謝公屐這才應運而生。這是一種木製釘鞋，上山時可取下前掌的齒釘，下山時也可再取下後掌的齒釘，如此一來，上下山既省時又省力，同時大幅提升安全性。

想當初，謝靈運下放地方任官，別人是辛苦地攜家帶眷，他卻是在大批隨從僕役浩浩蕩蕩地陪同下上任，這都是為了維持高品質的生活。謝靈運正是「有錢就是任性」的典型世家子弟，衣食住行格外挑剔，住要最奢華，穿要最新款，要是對現成的不滿意，就會重新設計，反正不差那點錢。久而久之，謝靈運盛名在外，成了眾人眼中的社群網紅，也慢慢奠定了他在團購界不可撼動的地位。

愛生活、愛旅遊的他，也堪稱反內耗第一人。

永初三年（西元四二二年），宋少帝繼位後，謝靈運被貶到永嘉郡任太守。慶幸的是，永嘉郡山清水秀，謝靈運便直接放飛自我，將工作統統拋之腦後，更熱中於遊山玩水。要是玩得開心，就隨手作詩記錄，遠在京城的人們看了，都直呼傑作。直到少帝被廢，文帝登基，主動召見謝靈運。他還以為要回去當官了，誰知道皇帝只是讓他安安靜靜地當個文人。沒多久，他就厭倦了寫文章、修史書的日子（打工仔一任性起來，誰都擋不了，更何況是個官二代打工仔）。

這時，謝靈運再次放飛自我，上班時間不上班，曠職倒成了家常便飯，有時還開啟隱身模式，一走就是十多天不見人影。在謝靈運的字典裡，沒有窮遊兩個字，但凡出去一趟，就要玩到極致，隨隨便便就帶上幾百名家眷隨從出行。這群人不僅要照顧他的飲食起居，還要安撫他的心情。要是前方沒路了，那就挖山開路。如此豪橫的文士實在罕見。因此，當他來到臨海郡時，臨海太守王琇還以為是造反的土匪，可見排場有多驚人。

當然，謝靈運也有任性的本錢，除了家大業大以外，宋文帝還將他視若偶像般尊崇。以現代的說法，這位皇帝可謂謝靈運的「腦粉」，將偶像的詩作視為「國寶」。在聖眷優隆之下，謝靈運益發有恃無恐，不僅瘋狂試探皇帝的底線，連圍湖造田這種擴大私產的事都明目張膽地做了出來。

在會稽時，因為隨從太多，往往驚動郡縣長官。謝靈運大肆嘲笑篤信佛教的會稽太守孟顗，宣稱有智慧的文人才能成佛得道，而孟顗死得比自己早，絕對無法比自己早成佛。一番話讓孟顗氣炸了，可又動不了這位皇帝跟前的紅人，只能暗自懷恨在心。

後來，孟顗上了一道奏疏，告發謝靈運意圖謀反，並私調本郡軍隊防衛。皇帝心下明白謝靈運不會做這樣的事，不但沒有論罪，還讓他轉任臨川內史，甚至調漲薪資。只不過，謝靈運到了新職位依舊我行我素，於是再次被彈劾，而在抓捕過程中，他還真率領部眾造反了。對此，皇帝也隱忍了下來，只罰他充軍廣州。不料，又有人向皇帝供認謝靈運花錢僱人來救他。這下子，不論皇帝再怎麼寵愛謝靈運，但身為一國之君，最終也只能忍痛送他「上路」。

元嘉十年（西元四三三年），謝靈運受領了皇帝親手送來的盒飯，臨終前，他有感而發：「邂逅竟幾何，修短非所愍。送心自覺前，斯痛久已忍。恨我君子志，不獲岩上泯。唯願乘來生，怨親同心朕。」可惜短暫的清醒，已換不回重生的機會。

說不定，謝靈運的真心話是：世界那麼大，即使千難萬阻也要去看看！

採訪側記

記者：謝公子，最近又上哪裡遊山玩水了？

謝靈運：最近沒空，忙著做直播，好久沒出去玩了。

記者：這可不是您的作風，是不是自己當上老闆後就不敢曠職了？

謝靈運：可能吧！看來我這老闆當得還真委屈。

記者：我不是這個意思……。

謝靈運：喂，劉祕書，趕快規畫幾個出遊提案……對，明天就出發。

記者：那您的直播……。

謝靈運：好了，今天的採訪結束了，我得趕緊回家收拾行李了。

【知識大補帖】

◉ 宋文帝劉義隆：南朝宋第三位皇帝（西元四二四至四五三年在位），宋武帝劉裕第三子，宋少帝劉義符之弟，母為章皇太后胡道安。身形魁梧，博覽群書，善寫隸書。延續宋武帝治國方略，在「義熙土斷」的基礎上清查戶籍，免除「逋租宿債」，實行勸學、興農、招賢等一系列措施，積極休養生息，經濟文化日趨繁榮，史稱「元嘉之治」。

◉ 〈辨宗論〉：即謝靈運所作〈與諸道人辨宗論〉，主要是討論頓悟求宗的思維方式，「宗」指的是終極本體，佛教所謂的真如佛性。

梁武帝

「皇帝菩薩」才是全國最強的宗教 KOL

直播主小檔案

姓名：蕭衍（西元四六四～五四九）
暱稱：梁武帝
性別：男
主要成就：建立南梁，革除弊政，鍾離大捷
IG：@ 皇帝菩薩（追蹤者千萬＋）
YouTube：皇帝出家記（訂閱者千萬＋）
LINE 個性簽名：朕何以無功德？（怒）
屬性：佛教弘揚者
愛好：宣揚佛教

梁武帝，名蕭衍，是中國歷史上堪稱最虔誠的佛教皇帝。他自幼便非同一般，生來一副「虎目龍顏」的相貌，頸項處還透著一道圓光，右手掌上更有一道紋印，上面赫然顯示著一個「武」字。這些異於常人的標記固然令人稱奇，但與他的卓絕才華相比，卻顯得微不足道。

若問他身邊的人，無一不讚其「從小就聰明絕頂」。蕭衍天資聰穎，長大後更是文武雙全，才情出眾，無論詩文、兵法，甚或治國之道，皆信手拈來，遊刃有餘，連陰陽星相等較為冷僻的學問，他也一點就透。即便登基為帝，肩負日理萬機的重任，他依舊不忘讀書鑽研，從古籍經典到稗官野史，無不涉獵，博學廣識，堪稱真正的「博古通今」。

古人直播室

朕潛心佛法，觀看直播的各位，也來隨我一同戒斷酒肉吧。阿彌陀佛。

梁武帝的直播室可謂與眾不同，他既不賣吃喝，也不賣生活雜貨，而是全心全意地弘揚佛教。作為一名虔誠的佛教徒，他在推廣佛教上不遺餘力，並使其在梁國達到前所未有的鼎盛。

杜牧這句詩「南朝四百八十寺，多少樓臺煙雨中」，描繪的便是梁武帝時期佛教的盛況：京城建康城內佛寺林立，煙雨朦朧中，樓臺佛宇遍布四方。

要讓百姓信佛，沒有佛寺怎麼行？這可是基礎建設啊！在梁武帝的號召下，佛寺如雨後春筍般湧現，最多時達數千座之多。佛寺一旦建成，僧人也應運而生，僧人數量一度達到數萬餘人。這便是「皇帝直播室」的最大優勢：一聲號令，KPI立刻輕鬆達標。

要評判一個人對某樣事物是不是真愛，關鍵就在於是否願意投入時間和金錢，二者缺一不可。從這一點來看，梁武帝對佛教絕對是「鐵粉」級別。他不僅花費了大量時間，還耗費巨額財力，將佛教在國內推廣到極致。作為一國之君，他的熱忱自然深深影響了王侯大臣，甚至帶動全國百姓，佛教儼然成了國教。

值得一提的是，梁武帝最初並非佛教徒，他曾醉心於道教，且深入研究道教教義。他天資聰穎，又肯下苦工，對道教的領悟自然非同一般。然而，一次機緣讓他接觸了佛教，他感到佛教高深的教理如同打開了新世界的大門，從此不可自拔，堅定地皈依了佛教三寶。

梁武帝自皈依佛門後，虔誠之心可謂深入骨髓。他曾以一國之君之姿，誠摯地跪在佛前傾訴：「天監三年四月八日，梁國皇帝蘭陵蕭衍稽首和南，十方諸佛、十方尊法、十方菩薩僧。伏見經文玄義，理必須詮，云發菩提心者，即是佛心……若不逢遇大聖法王，誰能救接？……弟子經遲迷荒，耽事老子，歷葉相承，染此邪法，習因善發，棄迷知返，今捨舊醫，歸憑正覺，願使未來世中，童男出家，廣弘經教，化度眾生，共取成佛。入諸地獄，普濟群萌，寧可在正法中，長淪惡道，不樂依老子教，暫得生天，涉大乘心，離二乘念，正願諸佛菩薩攝受。蕭衍和南。」

如此懇切的表白，讓人不禁感嘆：原來皇帝認定自己信佛還遠遠不夠，必須讓天下萬民都皈依佛門。

說到做到，梁武帝登基第三年，便收納了兩萬人皈依佛教，聲勢浩大。到了六十四歲時，他竟一度萌生退位之念，毅然跑到同泰寺出家。然而，僅僅三天後，他就心滿意足地回了皇宮，並宣布大赦天下。兩天過去，佛心再次悸動，他又跑回同泰寺出家。這位皇帝的反覆折騰，讓朝中大臣著實操盡了心，最後不得不捐錢「贖」回這位不安分的皇帝。

到了八十四歲時，梁武帝更是鐵了心，再次跑到同泰寺，一口氣住了三十七天。大臣們面對這樣的皇帝已經無計可施，只好再次花錢將他「贖」回來。如此一來，梁武帝幾次三番出家，同泰寺簡直成了他的「心靈歸宿」，也在皇帝的「信仰充值」之下，年收入頗為可觀，無需成本便得到了大筆資金。在寺中僧人眼裡，梁武帝簡直就是一臺行走的「ATM」。

話說回來，梁武帝雖然為寺院捐了無數金銀，卻也給佛門立下了一條清規戒律：僧人不得吃葷。由於他戒食魚肉，便也要求寺中僧人遵循此規，從此，佛門素食蔚然成道。儘管寺院金銀滿倉，僧人們卻只能面對滿桌蔬菜嘆息，這也算是梁武帝虔誠信佛的一項「成就」。

綜觀歷史上的大人物帶貨，幾乎都是好評如潮，唯獨梁武帝成了負面教材。達摩大師作為中國禪宗的始祖，東渡來到中國南海時，梁武帝便如同迷弟一般，千里迢迢地將他請到建康相會。見到達摩後，梁武帝滿懷驕傲地盤點起自己對佛教的種種功德，期待能得到大師的稱讚與肯定。然而，達摩卻直言不諱地指出，這些都不算功德。佛教雖然得以在百姓間推廣，但為了修建佛寺而大興土木，百姓因此受苦，以至於民生凋敝。

普度眾生與荼毒生靈之間，都在梁武帝的一念之間。他的本意是前者，不料導致了後者的悲劇。當他慷慨大方地向寺院捐贈大量錢財時，百姓的勞役反而加重了。為了求得一絲喘息，許多人選擇出家為僧，以致徵稅人口銳減，賦稅的重擔落到了常民百姓的肩上，苦不堪言。

晚年的梁武帝，還做出了一個致命的錯誤決策：他接受羯族人侯景的歸降，原以為這是彰顯恩德與智慧的舉措，卻不料「好心辦壞事」，最終釀成「侯景之亂」。這場叛亂幾乎撼動江山，梁武帝也因此受困於臺城的淨居殿中，最終活活餓死，令人唏噓不已。

梁武帝的過失，也成為梁朝衰亡的導火線。幾年之後，江山易主，陳朝取代梁朝，歷史就此翻開新的一頁。

採訪側記

記者：好久不見，上次見面，還是您在電視上弘法那時。

梁武帝：是嗎？聽完講座後有什麼收穫嗎？

記者：當然有，回家後立刻下單了好幾部佛學經典。

梁武帝：很好。讀完了嗎？參不透的地方，我來補充說明。

記者：呃，我想想……（其實還沒拆封……）

梁武帝：一時想不起來沒關係，以後記得多關注我的直播。

記者：您平時都是什麼時間開播？

梁武帝：佛說「隨心自在」，等我內心發動時就開播。

記者：好，我會留意的……。

【知識大補帖】

◉侯景之亂：侯景之亂又稱太清之難，為中國南北朝時期南朝梁將領侯景發動的武裝叛亂事件。侯景原為東魏叛將，被梁武帝蕭衍招撫，因對梁朝與東魏通好心懷不滿，遂於西元五四八年以清君側之名自壽陽（今安徽壽縣）起兵叛亂，隔年攻占梁朝都城建康（今江蘇南京），將梁武帝活活餓死，隨後掌控梁朝軍政大權。

◉菩提達摩：南印度人，南北朝禪僧，簡稱達摩或達磨，意譯為覺法。據《續高僧傳》記述，屬刹帝利種姓，通徹大乘佛法，為修習禪定者所推崇。

獨孤信

解鎖史上最強岳父的側帽風流

直播主小檔案

姓名：獨孤信（西元五〇三～五五七）

暱稱：獨孤郎

性別：男

主要成就：鎮守隴右十年，治績突出

IG：@ 天下第一岳父（追蹤者千萬＋）

YouTube：天下第一岳父（訂閱者千萬＋）

LINE 個性簽名：得獨孤者，得天下

屬性：國民岳父、西魏戰神

愛好：馳騁沙場、治理地方

獨孤信，原名獨孤如願，出生於雲中郡的鮮卑族家庭。鮮卑族人大都體格魁梧、虎背熊腰，遠遠望去如同一座移動的小山。然而，獨孤信卻是鮮卑族中的異類，他雖然身材高大，但絕非五大三粗，反而相貌俊美，風度翩翩，天生自帶一種與眾不同的非凡氣質。

當然，別以為獨孤信只是徒有其表的小白臉。他不僅生得俊俏，還繼承了鮮卑族的剽悍之風，全身散發著一股陽剛之氣。特別是在戰場上，他勇猛善戰，擅長騎射，又深諳兵法戰術，堪稱天生的將才。如果放到現在的古裝劇中，絕對是劇中第一男主角，難怪他的粉絲都親切地稱呼他為「獨孤郎」。

獨孤信一生仕於北魏、西魏、北周三朝，官至大司馬、柱國大將軍，鎮守隴右長達十年之久。只要他坐鎮，敵人便不敢輕舉妄動。《北史‧獨孤信傳》記載：「信美風度，雅有奇謀大略。」可見他不僅風度出眾，而且胸懷韜略，真正是文武雙全的英雄人物，既深受顏控們的喜愛，也贏得了百姓的愛戴。

更令人稱羨的是，獨孤信家族的女性成員同樣光彩照人。他的女兒個個為絕世美人，並且成就非凡。長女獨孤氏成為北周明帝宇文毓的皇后，謚號明敬皇后；四女獨孤氏則是唐高祖李淵的母親，後被追封為元貞皇后；七女獨孤伽羅更是隋文帝楊堅的皇后，謚號文獻皇后。三個女兒皆貴為皇后，也讓獨孤信贏得了「天下第一岳父」的美譽。

古人直播室

鄙人不才，平日忙於政事，世事涉獵不深，可大家都說我顏值高，不如就應大家要求，來示範如何側戴帽子，展現帥氣的魅力吧！

說如何「無痕推銷」，獨孤信絕對是最有發言權的人之一。

有一次在秦州，獨孤信率人出城打獵，眾人玩得太盡興，直到天黑才發覺該返程。為了盡早入城，眾人快馬加鞭趕路，風聲呼嘯而過，獨孤信的帽子在不經意間被風吹歪了。然而，讓人意想不到的是，他側戴帽子的那一幕卻意外地爆紅。

回想起那天，獨孤信仍有些靦腆。他隱約記得在返程途中，不少人都盯著他看，還三三兩兩聚在一起低聲議論。不過，平日裡被人「議論」慣了的他也沒太在意，誰知第二天竟成了全城的焦點話題：城中人人開始側戴帽子。不論是已經有帽子的，還是急著入手帽子的，大夥不約而同地跟風這股潮流，彷彿不「側戴帽子」就跟不上流行。

這可不是民間的傳說，而是被官方史書《周書・獨孤信傳》所記載的真實事件。書中明確寫道：「信在秦州，嘗因獵日暮，馳馬入城，其帽微側。詰旦，而吏民有戴帽者，咸慕信而側帽焉。其為鄰境及士庶所重如此。」由此，「側帽風流」便成了家喻戶曉的故事。

清代學者褚人穫在《堅瓠集》中感嘆道：「若信武官，處偏安之世，而能風動如此，為尤奇也。」他直言不諱地指出，獨孤信明明只是武將，卻能在動盪不安的時代輕而易舉地引領潮流，著實令人驚奇。

獨孤信不僅深受百姓愛戴，連清代風流才子納蘭性德也是他的粉絲，還因此將自己的第一本詞集命名為《側帽集》，可見崇拜之情非同一般。納蘭性德一向孤傲自負，很少看得上別人，但面對獨孤信這樣出身顯赫、才華橫溢的人，仍難掩激動，一句「倚柳題箋，當花側帽，賞心應比驅馳好」，道出了他對「側帽風流」的欣賞與嚮往。

然而，獨孤信的魅力不僅限於引領潮流，他的文韜武略也讓他攬下了一大批職位，頭銜多到快要數不過來。這份榮譽固然令人羨慕，但也帶來了「大麻煩」：每次蓋章回覆公文時，他都要在堆成小山的印章中找半天，既浪費時間又缺乏效率。

獨孤信果然不愧為上班族的榜樣，別人想方設法偷懶摸魚，他卻絞盡腦汁提高工作效率。為了解決蓋章的困擾，他發明了「史上第一枚多面印信」。這枚印章堪稱創意巔峰，將所有常用印章都刻在一枚大印上，總共二十六面，其中十四面刻有不同印文，包括「臣信上疏」、「臣信上章」、「臣信上表」、「臣信啟事」、「大司馬印」、「大都督印」、「刺史之印」、「柱國之印」、「獨孤信白書」、「信白箋」、「信啟事」、「耶敕」、「令」、「密」等。這枚大印被後世稱為「獨孤信多面體煤精組印」，簡稱「獨孤信印」。

然而，這枚印章並未蔚為流行，並非因為設計不夠精巧，而是因為能像獨孤信這般同時擁有如此多頭銜職務的人，實在是鳳毛麟角。相較之下，側戴帽子的潮流反而更受歡迎，畢竟誰都能輕鬆模仿，而這「側帽風流」也因此成為他最具代表性的風尚。

採訪側記

記者：獨孤大人，見到您真是三生有幸啊！

獨孤信：過獎、過獎。

記者：聽說您大女兒的婚姻最近出了點狀況，方便透露一點嗎？

獨孤信：那都是週刊亂寫的，你們什麼時候變得這麼八卦？

記者：那就聊聊您的新帽子吧，又在老百姓間帶起了一波潮流呢。

獨孤信：上次只是戴歪了，就上了頭條，真是太誇張了。

記者：還不是因為您長得又高又帥嘛。

獨孤信：別拍馬屁了。我現在只煩惱印章太多，公務上用印很花時間。

記者：您慢慢蓋章吧，下次再看您直播穿搭！

【知識大補帖】

◉ 褚人穫：明末清初文學家，一輩子沒中試，也沒做過官，文學上卻著作頗豐，傳世作品有《堅瓠集》、《讀史隨筆》、《退佳瑣錄》、《續蟹譜》、《聖賢群輔錄》、《隋唐演義》等。素來愛交朋友，尤侗、洪昇、顧貞觀、張潮、毛宗崗等清初名作家皆為其知交。

◉ 納蘭性德：葉赫那拉氏，字容若，號楞伽山人，原名納蘭成德，一度因避諱太子保成（愛新覺羅・胤礽）的名字而改名納蘭性德。滿洲正黃旗人，清朝初年詞人。自幼飽讀詩書，文武兼修，十七歲入國子監。納蘭性德的詞以「真」取勝，寫景逼真傳神，詞風「清麗婉約，哀感頑豔，格高韻遠，獨具特色」。著有《通志堂集》、《側帽集》、《飲水詞》等。

第三章

【隋唐盛世】謫仙人的購物車裡都放了什麼？

李白

微醺才是人生的最佳狀態

直播主小檔案

姓名：李白（西元七〇一～七六二）
暱稱：詩仙
性別：男
主要成就：締造古代浪漫主義文學高峰，使歌行體和七絕達到後人難以企及的高度
IG：@ 太白遊戲人間（追蹤者千萬＋）
YouTube：隨謫仙人月下獨酌（訂閱者千萬＋）
LINE 個性簽名：今朝有酒今朝醉
屬性：浪漫主義詩人
愛好：喝酒、寫詩、旅遊

李白，字太白，關於其家世與家族背景，史料上多無明確記載。他是生活在盛唐時期的詩仙，一生愛寫詩、愛喝酒、愛旅遊、愛交朋友，性格豪放不羈，崇尚自由。只需一開口，便能吟出讓同行望塵莫及的絕世詩篇。

在中國文學史上，若論浪漫主義詩人，前有屈原，後有李白，堪稱一代大師。俗話說：「大人物的朋友也是大人物。」這話一點不假。李白一生中不得不提的六位至交，分別是：亦師亦友的賀知章、無話不談的元丹丘、他的偶像孟浩然、詩聖杜甫、鐵桿粉絲魏萬與汪倫。

李白自幼便天賦異稟，才智過人。十歲時，他不僅熟讀諸子百家的學說，更能提出獨到的見解。然而，在李白的理想中，成為文學家並非首選，他心中更嚮往成為一名驍勇善戰的將軍。可惜事與願違，他既未能實現將軍夢，也未能在仕途上施展抱負。最終，那個曾經意氣風發的少年，也不得不接受現實，懷著未竟的壯志，悵然離世。

古人直播室

大家都叫我詩仙，在此，我想向大家朗誦我的得意之作〈將進酒〉，鼓勵大家透過這首詩，堅信「天生我材必有用」！

君不見黃河之水天上來，奔流到海不復回。

君不見高堂明鏡悲白髮，朝如青絲暮成雪。
人生得意須盡歡，莫使金樽空對月。
天生我材必有用，千金散盡還復來。
烹羊宰牛且為樂，會須一飲三百杯。
岑夫子，丹丘生，將進酒，杯莫停。
與君歌一曲，請君為我傾耳聽。
鐘鼓饌玉不足貴，但願長醉不願醒。
古來聖賢皆寂寞，惟有飲者留其名。
陳王昔時宴平樂，斗酒十千恣歡謔。
主人何為言少錢，徑須沽取對君酌。
五花馬，千金裘，呼兒將出換美酒，與爾同銷萬古愁。

李白有多愛喝酒？

答案很簡單，就像他曾說：「五花馬，千金裘，呼兒將出換美酒，與爾同銷萬古愁。」簡單來說，要是沒錢買酒怎麼辦？沒關係，叫兒子過來，將家裡值錢的東西都拿去賣了換酒！對李白來說，喝酒是享受，寫詩是放鬆，而邊喝酒邊寫詩，則是他生活中最暢快的時刻。因此才有了「李白斗酒詩百篇」的美譽。

李白對酒的品味自有一番獨到的見解。他喝遍天下美酒，一嘗便知好壞，凡是李白推薦的酒，在酒友們眼中自然是人間至寶。

其中，產自山東蒼山縣的「蘭陵美酒」，便是最具代表性的一款。李白不花一分錢，卻心甘情願地為其寫下一首「廣告詩」：

「蘭陵美酒鬱金香，玉碗盛來琥珀光。

但使主人能醉客，不知何處是他鄉。」

短短二十八字，將蘭陵美酒的色、香、味表現得淋漓盡致：酒香幽遠、色如琥珀、入口醇厚。好詩配好酒，瞬間將蘭陵美酒推向千古爆單經典，至今仍為世人所推崇。

蘭陵美酒並非普通的酒，連明代醫學泰斗李時珍也在《本草綱目》中，從醫學角度對其大加讚賞，書中如此記載：

「蘭陵美酒，清香遠達，色復金黃，飲之至醉，不頭痛，不口乾，不作瀉。其水秤之重於他水，鄰邑所造俱不然，皆水土之美也，常飲入藥俱良。」

可見，李白推薦的這款酒，不僅好喝，還養生！難怪歷經千年，蘭陵美酒依然深受世人喜愛。

實事求是地說，哪怕是一壺「資質平庸」的酒，只要經過李白的「銷售文案」加以潤色，也能一躍成為爆紅商品。他那舌粲蓮花的勸酒詞一出，便教人心甘情願地加入購物車，下單，然後坐等收貨、開瓶、暢飲！

例如「千金散盡還復來。烹羊宰牛且為樂，會須一飲三百杯」，這句話教人放寬心胸，明白了「人生苦短，錢財乃身外之物，及時行樂才是真理」；在〈將進酒〉中，李白更直言：「將進酒，杯莫停……鐘鼓饌玉不足貴，但願長醉不願醒。」他要大家別猶豫，別停杯！榮華富貴不過過眼雲煙，微醺才是人生的最佳狀態！

聽他這麼一說，見他豪飲一杯，待你回過神來，購物車裡已裝滿美酒，付款的手指幾乎停不下來。

李白是個閒不住的詩人。在那個無論去哪都要長途跋涉的年代，他卻遊歷了大江南北，堪稱旅行達人。據粗略統計，他的足跡遍布十八個省市、兩百零六個州縣，攀登過八十多座名山，觀賞過六十多條江河與二十多座湖泊。李白曾踏足之地，千百年後仍是人們心馳神往的打卡勝地。

二十五歲之前，李白遊歷於巴山蜀水之間。二十五歲那年，他離開蜀地，踏上了更廣闊的天地。他的第一次遠遊軌跡是：「浮洞庭，歷襄漢，上廬山，東至金陵、揚州，復折回湖北，以安陸為中心，又先後北遊洛陽、龍門、嵩山、太原，東遊齊魯，登泰山，南遊安徽、江蘇、浙江等地。」

掐指一算，這一趟，他幾乎遊遍了半個中國！

李白不僅以酒會友，亦以旅途結識知己。與他情同莫逆的孟浩然，便是在旅途中相遇的。孟浩然同樣酷愛遊歷，兩人意氣相投，結為摯友。李白在黃鶴樓為孟浩然送行時，寫下了那首千古名篇〈黃鶴樓送孟浩然之廣陵〉：

「故人西辭黃鶴樓，煙花三月下揚州。

孤帆遠影碧空盡，唯見長江天際流。」

詩中流露著淡淡的離愁別緒，令人心生共鳴。

山水田園詩人王維，也是李白在旅行中結識的朋友。當時王維途經洛陽，恰巧遇上李白，兩人一拍即合，決定結伴同行。後來，他們途經開封，又碰上了詩人高適，於是三人聯袂同行，開啟了一段令人羨慕的「詩三人同遊之旅」。

大家喝過「仙人掌茶」嗎？這款茶，可是擁有李白的強力背書。他曾讚美道：

「茗生此中石，玉泉流不歇。根柯灑芳津，採服潤肌骨。」

遇到李白之前，仙人掌茶名不見經傳，遇到李白之後，這才聲名鵲起。李白發現這款仙人掌茶時，正漫步在南京的棲霞寺，心境悠然自得。走走停停之間，他偶遇同宗族人、當陽玉泉寺的僧人中孚。中孚同樣酷愛寫詩，對於詩仙李白慕名已久，早在計畫拜訪李白時，就已備下「見面禮」：玉泉寺的特產仙人掌茶，外加幾首自己作的詠茶詩，滿心期待能請偶像指點一二。

兩人一同前往亭中，僧人為詩人烹煮仙人掌茶，濃郁的茶香四溢。品茗之間，兩人你一言我一語，彷彿多年未見的老友，相談甚歡。席間，中孚向李白介紹當陽玉泉寺的悠久歷史：

玉泉寺始建於東漢建安二十三年（西元二一八年），由普淨和尚結茅為庵。至隋朝開皇年間，天臺宗創始人智顗和尚於此正式創建玉泉寺，此寺與南京的棲霞寺、山東的靈巖寺、浙江的國清寺並稱為「天下叢林四絕」。

談到仙人掌茶的由來，中孚笑著解釋道：玉泉寺內有一處奇特的「珍珠泉」，泉名源於其神妙之處——只要在泉水邊鼓掌或跺腳，泉中便會冒出一串串如珍珠般的氣泡，妙趣橫生。此處泉水甘甜純淨，長年恆溫，每日湧水量超過千噸。不只珍珠泉，玉泉山及周邊群山中還散布多個泉眼。

生長於此的茶樹得天獨厚，吸收山泉之靈氣、天地之精華，成就了絕品仙人掌茶。以泉水煮茶，品茗之餘，口齒留香，肌骨生津。

這杯仙人掌茶因李白的詩文而名動天下，自此成為世人趨之若鶩的茗中珍品。

傳說玉泉山的洞穴裡住著成群的蝙蝠，日復一日飲用玉泉水，最終，化為長生不老的「仙鼠」，其體毛潔白如雪，靜臥時倒懸而眠；還有一位「玉泉真公」，每日飲用仙人掌茶，八十餘歲時仍一身光滑柔嫩的肌膚。

中孚說得興致高昂，李白也聽得無比暢快。乘著這份雅興，李白當場揮毫，寫下一篇序和〈答族侄僧中孚贈玉泉仙人掌茶（並序）〉一詩：

序曰（白話譯文）：

「我聽聞荊州玉泉寺比鄰清溪山脈，山中洞穴往往形成乳泉流淌之景，泉水甘美，洞內棲息著潔白如鴉的大蝙蝠，據《仙經》記載，蝙蝠又名『仙鼠』，千年後體如雪白，飲此泉水便可長生不老。」

「玉泉寺山間，茶樹茂密生長，葉色翠綠如玉，而玉泉真公每日採其嫩葉煮飲，年逾八十仍容顏如桃花般嬌嫩。此茶清香柔滑，獨異於其他茶葉，無苦澀之味，能駐顏養生，延年益壽。」

「這次我遊歷金陵，偶然遇見了族侄僧人中孚，他呈上這玉泉仙人掌茶，並邀我作詩一首。我欣然提筆，遂成此作。後來的高僧隱士若知仙人掌茶之起源，當歸功於中孚禪師與我，青蓮居士李白。」

這款仙人掌茶，不僅清香甘滑，毫無生澀之感，更有著延年益壽的奇效。李白強烈推薦：

想品味一款不苦不澀的佳茗？選仙人掌茶！

想擁有不老的容顏？還是仙人掌茶！

自此，仙人掌茶在李白筆下聲名遠播，成為當之無愧的仙家茗品。

採訪側記

記者：詩仙請留步！

李白：嗯？要一起喝酒嗎？

記者：不是、不是，工作中可不能喝酒。

李白：誰說的？叫他過來，我和他邊喝邊談。

記者：呃……老闆目前不太方便。看您一副匆匆忙忙，正要上哪兒去呢？

李白：我和孟浩然他們有約，時間就快到了，再不趕緊過去，肯定得自罰三杯。

記者：啊，那我們就不耽誤您的時間。

李白：……遲到得自罰三杯……好吧，我還可以再和你聊一下。

記者：就為了多喝幾杯，您老可真拚啊！

李白：你這話就錯了，我不是為了拚酒，而是為了痛快。

記者：您不是也說過，微醺才是最佳狀態嘛！

【知識大補帖】

◉ 蘭陵美酒：蘭陵美酒的釀造史與中國的青銅器一樣悠久，始釀於商代，迄今已有三千多年的歷史。戰國時期，一代聖哲荀子兩任蘭陵令，為蘭陵酒業的發展奠定了深厚的歷史文化基礎。

◉玉泉寺：佛教聖地天臺宗祖庭之一，與浙江天臺國清寺、山東濟南靈巖寺、江蘇南京棲霞寺並稱為「天下四絕」，被譽為「三楚名山」。

杜甫

人生再苦，也要縱情美食的旅行家

直播主小檔案

姓名：杜甫（西元七一二～七七〇）
暱稱：詩聖
性別：男
主要成就：唐代偉大的現實主義文學作家，唐詩思想藝術的集大成者
IG：@ 少陵野老（追蹤者千萬＋）
YouTube：少陵野老登高去（訂閱者千萬＋）
LINE 個性簽名：以天下為己任
屬性：現實主義詩人
愛好：寫詩

杜甫的一生，命運多舛卻又堅韌不拔。他出身於名門望族京兆杜氏，家世顯赫，衣食無憂。身處優越的環境下，天資聰穎的他，幼年便展露才華，七歲便能作詩，一時間成為遠近皆知的神童。十九歲時，他出門遊歷天下，去過郇瑕、吳越，足跡遍布大江南北，這些經歷為他的詩歌創作積累了豐厚的素材。

然而，命運並未對他格外眷顧。開元二十三年（西元七三五年），杜甫回鄉參加鄉試，卻在後來的進士考試中落第。此後的歲月裡，他為官場理想四處奔波，卻屢屢碰壁。

天寶三載（西元七四四年），杜甫遇見了他一生中最重要的朋友——李白。兩人一同遊覽梁、宋（今河南開封、商丘一帶），共賞山河美景，暢談詩酒人生。這段時光，是杜甫生命中最快意的時刻。不久，兩人分別，此後再無機會重逢。

杜甫心懷天下蒼生，一心想成為造福百姓的好官，卻被宰相李林甫操控的科舉制度無情埋沒。仕途失意的他被困於長安，過著窮困潦倒的生活。而命運的磨難並未就此停歇，天寶十四載（西元七五五年），安史之亂爆發，天下大亂，百姓顛沛流離，杜甫也未能幸免於難。

逃亡途中，他被叛軍俘虜，好不容易逃脫後，依然心懷希望，奔赴唐肅宗所在的靈武，最終被任命為左拾遺一職。然而，由於敢言直諫，他與肅宗之間屢屢產生矛盾，仕途再度受挫。失望之餘，杜甫棄官而去，開啟了漫長的漂泊歲月。

晚年的杜甫在四川漂泊長達八、九年，又輾轉來到湖北、湖南。大曆五年（西元七七〇年）冬，他在長沙航向岳陽的破船上孤獨離世，結束了顛沛流離、滿懷家國憂愁的一生。

古人直播室

人們總說我一生悲苦，對我多所同情。的確，我這輩子窮困潦倒，居無定所。不過，苦雖苦，仍能為人民呼疾苦，為國家謀未來。大家來聽聽我這首〈茅屋為秋風所破歌〉吧！

八月秋高風怒號，卷我屋上三重茅。茅飛渡江灑江郊，高者掛罥長林梢，下者飄轉沉塘坳。

南村群童欺我老無力，忍能對面為盜賊。公然抱茅入竹去，脣焦口燥呼不得，歸來倚杖自嘆息。

俄頃風定雲墨色，秋天漠漠向昏黑。布衾多年冷似鐵，嬌兒惡臥踏裡裂。床頭屋漏無乾處，雨腳如麻未斷絕。自經喪亂少睡眠，長夜沾濕何由徹！

安得廣廈千萬間，大庇天下寒士俱歡顏！風雨不動安如山。嗚呼！何時眼前突兀見此屋，吾廬獨破受凍死亦足！

節慶假日不曉得去哪裡玩？杜甫要推薦你去——泰山！

燈光、音樂準備好，杜甫的詩意廣告來了：

「岱宗夫如何？齊魯青未了。

造化鍾神秀，陰陽割昏曉。

蕩胸生層雲，決眥入歸鳥。

會當凌絕頂，一覽眾山小。」

沒錯！去爬泰山吧！推薦原因很簡單：氣勢磅礡，去一次不上當，去兩次不吃虧，去三次能提升人生格局！泰山位於山東省中部，為中華民族的精神象徵，又稱岱山、東嶽、泰嶽，被譽為五嶽之首「天下第一山」。主峰玉皇頂的海拔就超過一千五百公尺。

除了爬山，泰山還有各種名勝古蹟等你探尋。諸如岱廟、普照寺、碧霞祠、經石峪刻石、靈巖寺等古蹟；還有玉皇頂、日觀峰、月觀峰、石塢松濤、鷹愁澗、龍潭瀑布等觀景點。一趟泰山之旅，讓你大飽眼福，感受山河壯麗！

什麼？你不愛爬山？不要緊，也可以坐纜車上泰山，輕鬆一覽壯闊美景。還等什麼，趕緊收拾行囊，帶著杜甫的推薦，出發吧！

說到大家耳熟能詳的生魚片，至聖先師孔子曾提出「膾不厭細」，意思是生魚片或生肉這類食材，切得越細越薄，吃起來才越美味。

杜甫一生坎坷，唯幼年時過得較舒適，後來的歲月卻大多困苦不堪。但幸運的是，他時不時會受到朋友接濟，還曾在友人家中嘗到美味的生魚片。這生魚片究竟多美味呢？杜甫如此形容：「無聲細下飛碎雪，有骨已剁觜春蔥。」你不妨想像一下，如同碎雪般細嫩的魚肉，入口即化，鮮美得讓人難以忘懷。

比起日本的生魚片，兩者還是略有不同。日本的生魚片食材豐富，切法上多以片狀為主；而杜甫推薦的生魚片，大都以鯽魚為主，切成極細的絲狀，一如孔子所說，講究刀工，切得越細越好。

愛吃魚的朋友一定要嘗嘗這道菜，保證吃過一次就回味無窮，吃罷一頓就想著下一頓！

採訪側記

記者：詩聖您好，久仰大名，對於您的生平遭遇，大家都覺得相當遺憾。

杜甫：大可不必，大可不必。我一生漂泊，但我內心無比堅定且豐盈。

記者：聽說您寫了不少詩給李白，但他很少為您寫詩，您是否因此感到不滿？

杜甫：李白寫過詩給你嗎？

記者：……當然沒有。

杜甫：他至少還寫過兩首給我吧，我有什麼好不滿的？

記者：可是……。

杜甫：真正的友情是靈魂的交流，這就是我和他的情誼。

記者：真是太令人感動了……。

【知識大補帖】

◉李林甫：唐玄宗時期在位時間最長的宰相，後期獨攬大權，聽不進勸諫之言，同時排擠才識之士，杜甫的仕途就是為其所耽誤。此外，因重用胡將，讓安祿山藉機擴張攬權，導致唐朝由盛轉衰。

◉安史之亂：安祿山和史思明發起的叛變，因爆發於唐玄宗天寶年間，又稱「天寶之亂」。

◉李亨：唐肅宗（西元七一一至七六二年），唐玄宗李隆基第三子，唐朝的第八位皇帝，也是第一個在京師外登基再進入長安的皇帝。安史之亂爆發後，獲唐玄宗任命天下兵馬大元帥，領朔方、河東、平盧節度使負責平叛。後於靈武即位，尊稱唐玄宗為太上皇。曾命郭子儀、李光弼、李嗣業等將領討伐安史叛軍，先後收復長安、洛陽兩京。

楊貴妃

每個女人都應該有一條石榴裙

直播主小檔案

姓名：楊玉環（約西元七一九～七五六）
暱稱：楊貴妃
性別：女
主要成就：與唐玄宗合作唐歌舞集大成之作《霓裳羽衣舞》
IG：@ 雲想衣裳花想容（追蹤者千萬＋）
YouTube：微胖女生的宮廷閨事（訂閱者千萬＋）
LINE 個性簽名：天生麗質難自棄
屬性：微胖女神
愛好：跳舞、打扮、吃荔枝

顏值即正義，這句話放在楊玉環身上簡直再合適不過。「天生麗質難自棄」，用來形容她的美貌，堪稱恰到好處。眾所周知，唐朝以「豐腴」為美，而楊貴妃的美正好達到了極致的平衡。她究竟有多美？白居易曾用「回眸一笑百媚生，六宮粉黛無顏色」來讚美她的絕世風華；李白則寫下了「雲想衣裳花想容，春風拂檻露華濃。若非群玉山頭見，會向瑤臺月下逢」，字字生輝，將她的美貌描繪得如夢似幻。

作為中國古代四大美女之一，楊玉環自帶光環，但她的魅力遠不止於外表。她精通音樂與舞蹈，才情與姿色並存，難怪能讓唐玄宗李隆基神魂顛倒、寵愛有加。

然而，她的命運充滿戲劇性。她最初嫁給壽王李瑁為妃，後來在開元二十八年（西元七四〇年）奉命出家。之後，唐玄宗讓她還俗，迎回宮中，封為貴妃，這一來一往之間，見證了她兩段截然不同的愛情。

盛世之下暗藏危機。天寶十四載（西元七五五年），安祿山發動叛亂，天下大亂，唐玄宗帶著楊貴妃倉皇逃亡蜀中。途經馬嵬驛時，士兵發生譁變，楊玉環最終被賜死，香消玉殞，留下無盡的惋惜與傳說。

古人直播室

我喜歡唱歌跳舞，今天機會難得，先帶給大家一段胡旋舞吧。大家都知道我體態比較豐滿，但每次跳胡旋舞，人人都讚嘆我身段飄搖，翻躍如風。

接著，我還想讀一首自己作的詩。連《全唐詩》都收錄了這首〈贈張雲容舞〉呢。

羅袖動香香不已，紅蕖裊裊秋煙裡。
輕雲嶺上乍搖風，嫩柳池邊初拂水。

楊玉環性格溫婉柔順，舉手投足間自帶光芒，一顰一笑皆成萬眾矚目的焦點。她的喜好往往是流行的風向指標，堪稱古代「帶貨女王」，影響力無人能及。

唐朝女子最愛的時尚單品，非石榴裙莫屬。石榴裙色澤鮮紅如火，由輕盈的綾羅製成，穿上後飄逸靈動，將女子的柔美氣質襯托得楚楚動人。雖然石榴裙並非由楊玉環首創，但正是因她的穿著與推崇，這款服飾才風靡大唐，成為貴族女子追捧的頂級時尚。

唐玄宗對楊貴妃的寵愛，足以載入史冊。「一騎紅塵妃子笑，無人知是荔枝來」，千里送荔枝的浪漫，讓世人感嘆不已。荔枝解了她的饞，石榴則滿足了她的雅趣。唐玄宗特意在宮中種滿石榴樹，待花開時節，楊玉環身穿石榴裙翩然起舞，鮮紅的裙裾映著滿園花朵，恍若仙姿降臨，連花兒都成了她的陪襯。

石榴裙因此成為女子爭相購買的爆紅單品，無論身處宮中還是民間，擁有一件石榴裙成了身分與品味的象徵。儘管石榴裙的染製工藝複雜，價格昂貴，但依舊無法阻擋女孩們的購買欲。尤其在宮廷中，眾妃嬪更是將楊貴妃視作時尚的風向指標，紛紛模仿她的穿搭風格，石榴裙風靡一時，成為流行服飾的巔峰之作。

石榴裙雖然沒有固定的款式，但其鮮豔的顏色始終如一。白居易在〈琵琶行〉中寫道：「曲罷曾教善才服，妝成每被秋娘妒……鈿頭銀篦擊節碎，血色羅裙翻酒汙。」其中「血色羅裙」，指的便是石榴裙，由此可見其色澤之鮮豔奪目。從設計款式上來說，石榴裙可謂千姿百態，變化多端，即便與現代服飾相比，也毫不遜色。石榴裙的魅力不僅盛行於唐代，到了明代依然廣受推崇，唐寅在〈梅妃嗅香〉中寫道：「梅花香滿石榴裙」，這足以說明石榴裙歷經時光洗禮，依舊深受女子們的喜愛。

然而，楊貴妃的極度受寵也招致了不少非議，有人甚至將「從此君王不早朝」的責任歸咎於她。這些臣子雖不敢對唐玄宗表達不滿，卻將這股憤慨發洩在楊貴妃身上，遇到她時不僅不行禮，還故意視而不見。不過，楊貴妃對這點小動作根本沒放在心上，依舊我行我素。

直到有一次在宴會上，唐玄宗想讓楊貴妃獻舞助興，平時溫婉順從的她卻一反常態，悄聲對皇帝表示不願意，原因便是那些大臣毫無禮數，讓她不願為他們跳舞。這話氣壞了唐玄宗，心愛的貴妃竟受了委屈，哪裡能吞下這口氣？於是他立刻下令：今後凡見到楊貴妃而不跪拜的人，一律按欺君之罪論處。從此，這些人即便心不甘情不願，也不得不拜倒在石榴裙下，或許「拜倒在石榴裙下」一詞便是由此而生。

採訪側記

記者：楊大美女，好久不見，看起來益發光彩照人了！

楊貴妃：過獎了。咦，我剛推出的新款石榴裙，你下單了嗎？

記者：這……我是男的……。

楊貴妃：你沒有女朋友嗎？

記者：這……還是單身狗……。

楊貴妃：別擔心，你的脫單大事包在我身上！但我有一個要求。

記者：真的嗎（眼露淚光）？沒問題，您儘管說。

楊貴妃：脫單後立刻下單一條送給女朋友。

記者：那就拜託貴妃了！

【知識大補帖】

◉綾：採用斜紋組織或斜紋地提花組織的中國傳統絲織物。始產於漢代前，興盛於唐宋。材質光滑，質地輕薄，可用於書畫裝裱，也用於製作襯衫、睡衣等。用作裝裱圖畫、書籍及高級禮品盒等的稱裱畫綾。

白居易

消暑當推「劉白」牌冰鎮水果汁

直播主小檔案

姓名：白居易（約西元七七二～八四六）
暱稱：白二十二郎
性別：男
主要成就：新樂府運動主要倡導者，創作許多反映人民疾苦的詩歌
IG：@ 樂天知疾苦（追蹤者千萬＋）
YouTube：白樂天的元和體小學堂（訂閱者千萬＋）
LINE 今天，你用元和體了嗎？
屬性：現實主義詩人
愛好：寫詩

白居易，字樂天，號香山居士，又稱醉吟先生，被後人譽為「詩魔」與「詩王」。在唐詩的輝煌篇章中，他與李白、杜甫並稱為「唐詩三大家」。身為「大家」之一，白居易的文壇地位自然非同一般。他與詩人元稹志同道合，攜手倡導新樂府運動，後人稱二人為「元白」。此外，他與劉禹錫也有深厚的詩文情誼，並稱為「劉白」。

白居易的詩歌題材廣泛，形式多樣，沒有絲毫禁忌，寫作風格通俗易懂，不故弄玄虛，讀來淺顯明白，卻又蘊含深意，因此作品流傳極為廣泛。代表作包括〈長恨歌〉、〈賣炭翁〉、〈琵琶行〉等，多首詩歌已是莘莘學子課堂上的必讀經典，陪伴世人領略詩詞之美。

白居易的筆觸淺白而深情，無論是寫帝王將相的愛恨情仇，還是描繪平民百姓的辛酸苦楚，都直抵人心，堪稱千古流芳的詩詞大家。

古人直播室

身為現實主義詩人，話不多說，先為大家朗誦我的〈長恨歌〉吧！這首長篇敘事詩的靈感，來自唐玄宗與楊貴妃的愛情悲劇，經典就在於「回眸一笑百媚生，六宮粉黛無顏色」，希望大家喜歡。

漢皇重色思傾國，御宇多年求不得。
楊家有女初長成，養在深閨人未識。
天生麗質難自棄，一朝選在君王側。
回眸一笑百媚生，六宮粉黛無顏色。
春寒賜浴華清池，溫泉水滑洗凝脂。
侍兒扶起嬌無力，始是新承恩澤時。
雲鬢花顏金步搖，芙蓉帳暖度春宵。
春宵苦短日高起，從此君王不早朝。
承歡侍宴無閒暇，春從春遊夜專夜。
後宮佳麗三千人，三千寵愛在一身。

白居易怕熱是出了名的，每逢盛夏，便忍不住發牢騷。例如他常抱怨「不堪逢苦熱，猶賴是閒人」，或是「經時苦炎暑，心體但煩倦」，甚至調侃禪師的淡然境界：「人人避暑走如狂，獨有禪師不出房。可是禪房無熱到？但能心靜即身涼。」總而言之，天氣一熱，白居易便滿腹鬱悶，不斷尋找消暑良方。

為了解決炎夏之苦，白居易可沒少想辦法，而他所推薦的，便是親身驗證其神奇功效的消暑「聖品」：大唐皇帝御賜冰塊。

當年，白居易收到皇帝賞賜的冰塊時，激動的心情溢於言表，還特意寫下〈謝恩賜冰狀〉，其中描述道：「煩暑迎消，清飆隨至。」可見這簡直是極致消暑，透心涼、心飛揚的享受啊！他滿懷激動地表達感恩之情：「受此殊賜，臣何以堪，欣駭慚惶，若無所措。」

這款「避暑神器」爆紅的原因有三：

來頭非凡：大唐皇帝御賜，專屬定製，身價自然不凡。

效果絕佳：小小一塊冰，便讓你暑氣全消，清爽透澈。

明星同款：那位「回眸一笑百媚生」的胖貴妃，據說也使用同款冰塊，可謂頂級消暑良品。

不過，大唐皇帝的御賜冰塊畢竟價格不菲，只適合實力雄厚的「高端玩家」。至於普通老百姓，還有非御賜款冰塊可選擇，效果毫不遜色，清涼感滿分！對於和白樂天一樣怕熱的朋友們，這款冰塊絕對值得入手。無論是御賜冰或普通冰，都能讓你清涼一夏！

夏天酷熱難耐，哪能少得了「劉白」牌冰鎮水果汁？如果說冰塊是居家消暑的必備聖品，那麼這款由劉禹錫和白居易聯名推出的冰鎮水果汁，絕對是「必備中的必備」！喝一口清涼沁脾，喝兩口便瞬間掉入冬日的寒意。

白居易與劉禹錫是河南同鄉，兩人不僅出生於同一年，還是志趣相投的知音。由於相似的境遇和經歷，兩人惺惺相惜，成為一段佳話。

當年，兩人在揚州重逢，同鄉相遇，自然滿肚子話要說。白居易因劉禹錫屢次被貶，忍不住為他打抱不平，感慨道：「亦知合被才名折，二十三年折太多。」然而，樂觀的劉禹錫坦然一笑道：「沉舟側畔千帆過，病樹前頭萬木春。」一句詩立刻拉高了格局，將憂愁化為豁達，展現人生智慧。

說回這款產品，「劉白」牌冰鎮水果汁，最初是由劉禹錫發想的創意。他說：「賜冰滿碗沉朱實，法饌盈盤覆碧籠。」簡單來說，就是夏天取冰塊加上李子，放入碗中，清爽解暑。後來，白居易更進一步，將這種吃法升級為冰鎮果汁，李子榨了汁後加入冰塊，口感立時提升數倍，成為風靡一時的「人氣飲品」。

採訪側記

記者：白大人，炎夏又要到了，您已經備妥什麼好貨了嗎？

白居易：噓，這可不能提前告訴你。

記者：有必要這麼保密嗎？

白居易：當然，商品即商機，不能隨便透露。

記者：好吧，那就期待您的新消暑神器啦！

白居易：記得關注我的直播室，到時候有粉絲早鳥價。

記者：立刻關注！

【知識大補帖】

◉ 元稹：唐代文學家，年輕即展露才氣，與白居易同科及第，隨後成為終生詩友，共同倡導新樂府運動、創立了「元和體」，後世將二人並稱為「元白」。

◉ 劉禹錫：唐代文學家、哲學家，詩文俱佳，有「詩豪」之稱。與柳宗元並稱「劉柳」，與韋應物、白居易並稱「三傑」，與白居易並稱「劉白」。哲學著作《天論》三篇論述天的物質性，分析「天命論」的根源，具有前瞻的唯物主義思想。

薛濤

提升寫詩氛圍的神級信箋

直播主小檔案

姓名：薛濤（約西元七六八～八三二）

暱稱：女校書

性別：女

主要成就：與卓文君、花蕊夫人、黃娥並稱蜀中四大才女，與魚玄機、李冶、劉采春並稱唐代四大女詩人

IG：@ 等一個人（追蹤者百萬＋）

YouTube：用文學，找回被揮霍的愛情（訂閱者百萬＋）

LINE 個性簽名：不結同心人，空結同心草

屬性：高顏值才女

愛好：寫詩

薛濤，生於唐代，是樂伎、清客、蜀中女校書，亦是才華橫溢的詩人。

她的父親薛鄖學識淵博，曾在京城長安任職，對這唯一的女兒格外疼愛。自幼，薛濤便在父親的教導下讀書寫詩。八歲那年，父親在梧桐樹下乘涼，隨口吟道：「庭除一古桐，聳幹入雲中。」薛濤聞言，脫口而出：「枝迎南北鳥，葉送往來風。」薛鄖心中暗想：此女天資聰慧，必定是個可造之才，但「女子無才便是德」，未來吉凶難測。然而，安穩幸福的日子並未持續太久。

薛鄖為人正直，敢於直言，這既是他的優點，也是他致命的缺點。在天子腳下稍有不慎，便容易得罪權貴。最終，他被貶謫至四川。然而，這僅僅是不幸的開始。數年後，薛鄖出使南詔，不幸染上瘴癘，客死他鄉。

父親的離世，為薛濤和母親的生活帶來了巨大的變化。當時薛濤年僅十四歲，為了生計，只得於十六歲時加入樂籍。要入樂籍並非易事，須是「容姿既麗，通音律，善辯慧，工詩賦」之人，薛濤無論才貌皆為翹楚，自然成為詩人與權貴爭相結交的對象，名士們如白居易、張籍、劉禹錫、杜牧及韋皋等人，皆與她交往甚密。

一次大臣韋皋舉辦的宴會上，薛濤以一首〈謁巫山廟〉技驚四座，不僅贏得韋皋的賞識，更使她名聲大噪。此後，韋皋在任蜀地節度使時，更邀請薛濤協助處理公文。憑藉過人的才華，薛濤再次征服眾人，成為那個時代的傳奇女性之一。

薛濤對於韋皋來說是難得的人才，韋皋甚至奏請皇帝授予她「校書郎」一職，讓她負責公文撰寫與典校藏書。然而，這個職位門檻極高，歷來只有進士及男子方能擔任。因此，雖未能正式成為「校書郎」，薛濤卻因此得到了「女校書」的美稱。

身居高位，身邊難免會有人打著「走後門」的主意。許多人想藉由薛濤接近韋皋，送來各種禮物，可她並不推辭，反而將收到的物品全數上繳。但這麼做惹惱了上司韋皋，最終將她貶至松州，也就是今天的四川松潘縣。

元和四年（西元八〇九年）三月，元稹出使蜀地，特地與薛濤相約在梓州相見。這次相遇，宛如命中注定，兩人一見鍾情，卻情深緣淺，終究未能廝守。這段愛而不得的情感，讓她的性情逐漸變得沉靜，此後她改穿灰色道袍，不再穿紅裙。

晚年時，薛濤遷居成都碧雞坊（今成都金絲街一帶），修築了一座吟詩樓，隱居於此，獨自度過餘生。儘管人生境遇跌宕起伏，但她憑藉才情在文壇奠定一席之地，成為當時文人圈與權貴間的傳奇女性，無論是詩壇抑或名流社交圈，都堪稱一代風華。

古人直播室

身為名滿天下的才女詩人，我來為大家朗誦一首〈酬人雨後玩竹〉吧。

南天春雨時，那鑑雪霜姿。
眾類亦云茂，虛心能自持。
多留晉賢醉，早伴舜妃悲。
晚歲君能賞，蒼蒼勁節奇。

（這首詩是薛濤酬答友人之作，詩中蘊含濃厚的情感和典雅的意境。當時，友人在雨後欣賞竹林，興之所至賦詩贈予薛濤，薛濤收到詩後，也以詩回敬，表達其感懷與讚美。）

薛濤與元稹之間的愛情故事，也成就了她的經典發明——「薛濤箋」。

當年，薛濤與元稹相約在梓州相見，對元稹一見鍾情。回家後，她滿懷情意地寫下了〈池上雙鳥〉：「雙棲綠池上，朝暮共飛還。更憶將雛日，同心蓮葉間。」字裡行間流露出她柔情似水的愛戀。那段日子裡，兩人形影不離，攜手暢遊蜀山青川，為薛濤略顯孤獨的中年帶來了難得的愛情喜悅。

然而，好景不長，元稹因工作調動離開四川前往洛陽，兩人開啟了漫長的遠距離戀愛。對於身處熱戀中的人而言，分隔兩地無疑是一種煎熬。所幸，書信成他們傳遞情意的最佳方式。薛濤心思細膩，她不僅在詩句上傾注滿腔柔情，連書寫詩句的信箋也要別具一格，浪漫至極。

為此，薛濤改良當時的造紙工藝，特意製作一種精美信箋。根據宋代《太平寰宇記》記載：「浣花溪在成都西郭外，……薛濤家其旁，以（百花）潭水造紙為十色箋。」《天工開物》中則提到：「亦芙蓉皮為料煮糜，入芙蓉花末汁，或當時薛濤所指，遂留名至今。其美在色，不在質料也。」可見，薛濤箋的製作流程十分考究：首先，將信紙染成桃紅色等淡雅柔和的色彩，賦予它浪漫的氣息；其次，將紙張改為窄長形狀，與尋常信紙截然不同，更顯精緻小巧。

這份匠心獨具的「薛濤箋」自此流傳千古，成為古代文人墨客傳達情意的首選。它不僅承載著薛濤與元稹的愛情故事，也成為這名女詩人才情與浪漫的象徵。

薛濤別出心裁的創意，讓這種信箋有了「薛濤箋」之名，也被稱作「浣花箋」。單是其桃紅色的紙面，便自帶浪漫氛圍，彷彿在冒著粉紅泡泡；再配上情詩佳句，更是直擊心儀對象的心房，讓人一見傾心。這款信箋問世後風靡一時。

詩人們也爭相使用「薛濤箋」，並在詩作中給予高度讚賞。李商隱曾寫道：「浣花箋紙桃花色，好好題詩詠玉鉤。」白居易也曾讚美道：「斜行題粉壁，短卷寫紅箋。」張元幹更是直接提到：「薛濤箋上楚妃吟，空凝睇，歸去夢中尋。」可見，薛濤箋已是當時詩人的必備信物，連詩句都因此增添了幾分優雅的情致。

隨著時間推移，無論是喜歡寫詩、還是不愛寫詩的人，都對薛濤箋愛不釋手。韋莊更在〈乞彩箋歌〉中盛讚：「也知價重連城璧，一紙萬金猶不惜。薛濤昨夜夢中來，殷勤勸向君邊覓。」即便價值連城，花費萬金也在所不惜，足見其珍貴程度。

薛濤箋不再只是一張平凡的信箋，而是一件藝術品。市場上供不應求，甚至一度被皇家壟斷收藏。這份榮譽，讓薛濤箋達到了「封神」的高度——賣到斷貨的款式或許不少，但能獲皇室青睞並納入收藏的，卻是屈指可數。

採訪側記

記者：薛校書，您和元先生分手後仍有聯繫嗎？

薛濤：沒有。既然分手了，還有聯繫的必要嗎？

記者：聽說您視他為一生摯愛，難道不想復合嗎？

薛濤：我愛他的時候，他是天邊的雲，是耳邊的風，是天地萬物；我不愛他的時候，他就什麼都不是。

記者：太帥氣了！像您這樣在感情上如此豁達的女性，真是值得學習！

薛濤：我還想告訴我的粉絲，愛情這杯酒，雖說誰喝都得醉，但總有酒醒之時。

記者：不愧是前無古人、後無來者的掃眉才子。

【知識大補帖】

◉ 韋皋：唐代中期名臣、詩人。出鎮蜀地二十一年，執行聯合南詔、東蠻打擊吐蕃的戰略，保障西南邊陲的安定，並重啟南方絲綢之路，推動唐與南詔及南亞、東南亞各國交流，「功烈為西南劇」，稗史稱其為諸葛亮轉世。

◉《天工開物》：世界上第一部關於農業和手工業生產的綜合性著作，由明代科學家宋應星所撰。全書共三卷十八篇，收錄農業、手工業，諸如機械、磚瓦、陶瓷、硫黃、燭、紙、兵器、火藥、紡織、染色、製鹽、採煤、榨油等生產技術。

第四章

【兩宋元代】直播室裡，大口吃肉，開心擼貓

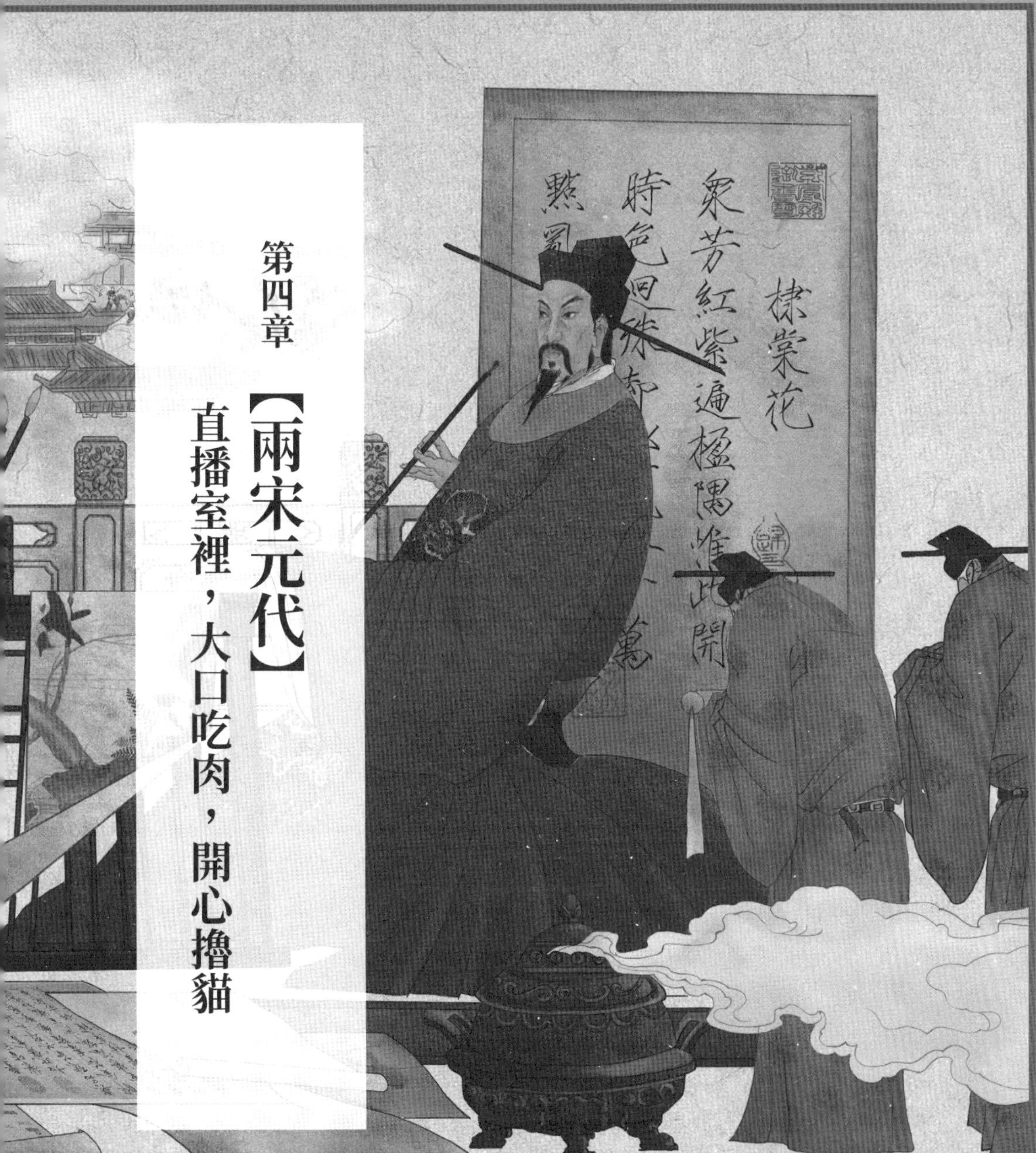

范仲淹

我靠想像力就能做直播！

直播主小檔案

姓名：范仲淹（約西元九八九～一〇五二）

暱稱：范文正公

性別：男

主要成就：北宋知名詞人、豪放派代表人物

IG：@ 岳陽樓推廣大使（追蹤者千萬＋）

YouTube：跟著范仲淹遊岳陽（訂閱者千萬＋）

LINE 個性簽名：寧鳴而死，不默而生

屬性：一代名世之臣、文人精神偶像

愛好：先天下之憂而憂，後天下之樂而樂

范仲淹，僅從名字便能感受到一股非凡氣勢。他是北宋時期傑出的政治家、軍事家、文學家與教育家，以「先天下之憂而憂，後天下之樂而樂」的宏偉抱負名垂青史。范仲淹可謂文武兼備：朝堂之上，他是說一不二的權臣；疆場之上，他是運籌帷幄的名將。為了北宋的長治久安，他領導「慶曆革新」運動，雖僅持續一年，卻為日後王安石的「熙寧變法」奠定了基石。

范仲淹屢次因直諫被貶，好友梅堯臣特意為他作〈靈烏賦〉，勸其寡言慎行、逍遙自得即可。然而，范仲淹在回信中堅定地表明：「寧鳴而死，不默而生。」毅然選擇為民請命。回顧他的一生，是一段傳道授業、憂國憂民的人生之旅；即便臨終之際，他向宋仁宗呈上的〈遺表〉也全然不提個人私事，充分體現出大公無私的崇高精神。

古人直播室

我的理想是當個一心為民的好官，但我平常也喜歡賦詩作詞。就讓我透過這首抒發邊關將士壯志難酬的詞，讓大家感受我內心滿滿的憂國情懷吧！

〈漁家傲．秋思〉

塞下秋來風景異，衡陽雁去無留意。

四面邊聲連角起，千嶂裡，長煙落日孤城閉。
濁酒一杯家萬里，燕然未勒歸無計。
羌管悠悠霜滿地，人不寐，將軍白髮征夫淚。

岳陽樓與黃鶴樓、滕王閣、鸛雀樓並稱「四大名樓」。范仲淹此次以岳陽樓推廣大使的身分登場，就是要讓更多人感受到岳陽樓的獨特魅力。

「若夫霪雨霏霏，連月不開，陰風怒號，濁浪排空，日星隱耀，山岳潛形，商旅不行，檣傾楫摧，薄暮冥冥，虎嘯猿啼。登斯樓也，則有去國懷鄉，憂讒畏譏，滿目蕭然，感極而悲者矣。」在千古名篇〈岳陽樓記〉中，范仲淹描繪滕子京修葺岳陽樓的經過，並將洞庭湖的景致勾勒得如夢似幻。寥寥數筆，便讓人彷彿置身其境。

然而，令人驚嘆的是，范仲淹居然從未去過岳陽樓！整篇文章的靈感，全靠好友滕子京寄來的一幅《洞庭晚秋圖》，以及詞人豐富的想像力。是的，你沒聽錯，未曾親臨其境，卻能寫得如此細緻入微，讓岳陽樓一躍成為岳陽的「打卡景點」。倘若你到了岳陽，卻沒去過岳陽樓，那可真是枉費此行。

這段佳話還要從滕子京說起。彼時的滕子京因被誣陷濫用公款被貶至岳州，心境雖苦澀，卻不妨礙他對生活的熱愛。他主持重修岳陽樓後，暗忖著尚缺文采點綴，便託人畫了一幅《洞庭晚秋圖》，寄給范仲淹，懇求好友為其撰寫一篇文章。此時，范仲淹也正因遭貶謫而倍感鬱悶，收到來信後頓時精神一振，執筆揮就了這篇千古美文。隨後，書法家蘇舜欽以遒勁的筆法書寫《岳陽樓記》，更有邵竦篆刻題名，加上滕子京的重修和范仲淹的文筆，岳陽樓的「四絕」由此誕生。這場文、書、刻的大腕跨界合作，直接將岳陽樓推上千古名景的行列。

其實，〈岳陽樓記〉中「陰風怒號，濁浪排空」的悲涼氛圍，正是范仲淹內心情感的真實映照。同是鬱鬱不得志，其筆下寫盡孤獨與無奈：「滿目蕭然，感極而悲」。也許正出於這份共鳴，觸動無數人奔赴岳陽樓的決心。

採訪側記

記者：范公，久仰大名，今日一見果然氣度不凡。

范仲淹：難道沒見過面，就看不出對方的不凡嗎？

記者：畢竟眼見為憑啊。

范仲淹：你看，像我見都沒見過岳陽樓，還不是照樣寫得如此逼真？

記者：除了您，誰還能做得到呢！

范仲淹：下次我就開個直播，教大家怎麼用想像力寫文章吧！

【知識大補帖】

◉慶曆新政：宋仁宗慶曆年間，官僚機構人浮於事，行政效率低落，又因遼和西夏的威脅，內憂外患日益嚴峻，百姓處在水深火熱之中。慶曆三年（西元一〇四三年），范仲淹、富弼、韓琦同時執政，歐陽修、蔡襄、王素、余靖同為諫官。范仲淹向仁宗上《答手詔條陳十事疏》，提出「明黜陟、抑僥倖、精貢舉、擇官長、均公田、厚農桑、修武備、減繇役、推恩信、重命令」等十項以整頓吏治為中心的改革建言，仁宗採納其中大部分條陳，施行新政。

◉熙寧變法：也叫王安石變法，發生在宋神宗時期，是一場旨在改變北宋建國以來積弱不振局面的政治改革運動。王安石變法以「理財」、「整軍」為中心，涉及政治、經濟、軍事、社會、文化各面向，是繼商鞅變法後又一次影響深遠的政治變革。

柳永

沒有哪個女孩，抵擋得了我三首詞

直播主小檔案

姓名：柳永（約西元九八四～一〇五三）

暱稱：柳七

性別：男

主要成就：宋代詞壇上第一位大量製作新聲、創作慢詞長調的詞人，對詞體的發展影響深遠

IG：@ 情詞高手（追蹤者千萬＋）

YouTube：市井生活的吟遊者（訂閱者千萬＋）

LINE 個性簽名：衣帶漸寬終不悔，為伊消得人憔悴

屬性：自由奔放的多情才子

愛好：作曲、寫詞、談戀愛

柳永，原名柳三變，後改名柳永，因排行老七，又被稱作柳七。作為宋詞婉約派的開宗立派人物，他革新了宋詞，憑藉「衣帶漸寬終不悔，為伊消得人憔悴」與「執手相看淚眼，竟無語凝噎」等名句，穩居婉約派首席，連蘇軾也是他的忠實粉絲。

柳永家族人才濟濟，先祖包括「坐懷不亂」的柳下惠、「唐宋八大家」之一的柳宗元，以及以楷書著稱的柳公權。柳公權自創「柳體」，以骨力勁健見長，與顏真卿齊名，後世稱之為「顏筋柳骨」。

柳永出身官宦世家，父親對他寄予厚望。他十歲時就寫下〈勸學文〉，其中「學，則庶人之子為公卿；不學，則公卿之子為庶人」一句更成經典。然而，科舉之路對他並不友好，屢試不中。不過，柳永尚稱豁達，便放下仕途，專心填詞，因而開創了屬於自己的文學天地。

晚年，柳永終於如願以償，逐步升任睦州團練推官、餘杭縣令、曉峰鹽監、泗州判官等職務，並以屯田員外郎致仕，因此後人又稱他為「柳屯田」。

古人直播室

身為婉約派詞人代表，我想透過直播讓大家了解，所謂的婉約詞，可不是只一味描寫兒女情懷，這類詞雖重言情，卻不輕薄，辭華卻不淫靡。不信？來聽聽我這首〈雨霖鈴〉：

寒蟬淒切，對長亭晚，驟雨初歇。都門帳飲無緒，留戀處，蘭舟催發。執手相看淚眼，竟無語凝噎。念去去，千里煙波，暮靄沉沉楚天闊。

多情自古傷離別，更那堪，冷落清秋節！今宵酒醒何處？楊柳岸，曉風殘月。此去經年，應是良辰好景虛設。便縱有千種風情，更與何人說？

如果要在柳永這名字前加個頭銜，那肯定是詞人；如果要再加個形容詞，那肯定是風流多情。詞人要帶的貨不是別的，正是自己所創作的詞，而且還是帶著幾分「豔」的那種。

有人會質疑，詞能「豔」到哪裡去呢？在此舉個例子，比如〈蝶戀花・鳳棲梧〉中，「蜀錦地衣絲步障。屈曲迴廊，靜夜閒尋訪。玉砌雕欄新月上。朱扉半掩人相望。旋暖熏爐溫斗帳。玉樹瓊枝，迤邐相偎傍。酒力漸濃春思蕩。鴛鴦繡被翻紅浪。」這在現代人眼中，稱不上「豔」嗎？

類似風格的詞作還不少，因此，清代詞人沈雄就稱柳永的詞「此詞麗以淫，為妓作也」，可說是直言不諱地罵他下流。即便是同為婉約派代表人物的李清照，也看不上柳永的詞，斥為「辭語塵下」，也就是庸俗不雅，格調不高，只差直接說「我瞧不起你」了。

柳永之所以被多位文士鄙視，主因還是他常為青樓這類「灰色企業」帶貨——柳永經常為青樓填詞。再加上柳永填的詞始終高踞點歌榜第一，廣為傳誦於市井小民之口。

為什麼柳永填的詞如此受歡迎呢？當一首歌的曲調固定下來後，創作者能發揮的空間就只剩下填詞了，而詞的優劣直接決定了這首歌是否容易琅琅上口。會填詞的人不少，但能像柳永填這麼好的並不多，他的詞往往通俗易懂，深受普羅大眾喜愛。在青樓尋歡作樂的人們，要的也就是如此簡單的快樂，只要聽見歌姬唱的是柳永的詞，那反手就是十倍打賞。

作為宋朝的頂尖詞人，柳永的詞可是一闕難求，因為求他填詞的人太多了。青樓之間的競爭尤為激烈，甚至為了搶先讓柳永填詞，不惜動粗開打。試想一下青樓女子打架，那可不是一般的凶悍——你敢扯我頭髮，我就抓花你的臉，誰也得不了便宜。

娛樂場所販賣的是快樂，別人大都前去調劑心情、釋放壓力，但柳永不同，對他而言，歌姬的美色吸引不了他，他需索的是真感情。歌女們都知道，柳永不僅值得往來，誰出了事，他絕對會伸出援手。

當時，大街小巷廣傳柳永的詞，還有人說「凡有井水飲處，即能歌柳詞」。不單單是老百姓喜歡，皇宮裡男男女女也是柳永的粉絲，尤其是皇帝宋仁宗，逢酒必以柳詞助興，不然便覺酒水無味。後來，柳永自稱「奉旨填詞柳三變」，側面展現出皇帝對偶像詞人的無比崇拜。

採訪側記

記者：柳哥！我的偶像！您每出一首新歌，我都會仔細抄下歌詞！請幫我簽名好嗎？

柳永：哈哈哈，看來你是我的鐵粉。來吧，我幫你簽。

記者：不瞞您說，我之前追求一個女生，寫情書時抄的就是您的歌詞。

柳永：哈哈哈，後來追到了嗎？

記者：這個……很遺憾……。

柳永：別傷心，可以抄我今天的新作，寫給下一個女生。

記者：謝謝您的鼓勵，我感覺下次一定會成功！

【知識大補帖】

◉宋詞：宋代盛行的一種文學體裁，始於南朝梁，形成於唐代，極盛於宋代。句子長短不一，便於歌唱。因是合樂的歌詞，又稱曲子詞、樂府、樂章、長短句、詩餘、琴趣等。宋詞的代表人物主要有蘇軾、辛棄疾（豪放派代表詞人），以及柳永、李清照（婉約派代表詞人）。

◉婉約詞：婉約詞是一種配樂歌唱的新體詩，以溫庭筠、柳永、李清照、周邦彥等詞人為代表，他們的詞在表情達意上一般崇尚含蓄婉轉，充分發揮了詞「專主情致」的特點。婉約詞在取材上多寫離別之緒、兒女之情，在表現手法上多採含蓄的方法來表達情感，風格綺麗多姿。

蘇軾

舉世無雙的文化美食網紅

直播主小檔案

姓名：蘇軾（西元一〇三七～一一〇一）
暱稱：子瞻、東坡、蘇大鬍子
性別：男
主要成就：以豐富的多元創作，帶領北宋詩文革新運動達到高峰，為北宋文學最高成就代表，此外亦是知名的書法家、美食家、畫家等
IG：@ 東坡居士（追蹤者千萬＋）
YouTube：大文豪的美食路線圖（訂閱者千萬＋）
LINE 個性簽名：人生如夢，一尊還酹江月
屬性：治癒系的樂天派吃貨
愛好：烹飪

眾所周知，蘇軾是北宋的文學巨匠，「唐宋八大家」之一。無論是詩、詞、賦、散文，還是書法和繪畫，他都達到了極高的成就。在中國數千年的歷史長河中，蘇軾無疑是一位屹立不搖的文壇巨人。

蘇軾與父親蘇洵、弟弟蘇轍皆以文學名世，合稱「三蘇」，其地位可與漢末「三曹父子」——曹操、曹丕、曹植比肩；更與唐代韓愈、柳宗元，以及宋代歐陽修、蘇洵、蘇轍、王安石、曾鞏並列為「唐宋八大家」。此外，他與黃庭堅、米芾、蔡襄並稱為「宋四家」，代表了宋代書法的巔峰成就。

蘇軾一生命途多舛，但他始終秉持著「生活虐我千百遍，我待生活如初戀」的樂觀心態。即便在烏臺詩案後遭受沉重打擊，他依然笑對人生，以隨遇而安的心態將顛沛流離過成了一場豐盛的人生旅程。

國學大師林語堂曾這樣評價蘇軾：「蘇東坡是一個不可救藥的樂天派，一個偉大的人道主義者，一個百姓的朋友；他是大文豪、大書法家、創新的畫家、造酒實驗家，還是工程師，假道學的憎恨者，瑜伽術修行者、佛教徒、巨儒政治家，亦是皇帝的秘書、酒仙、心腸慈悲的法官；他是政治上的堅持己見者，月夜的漫步者，詩人，亦是一個生性詼諧、愛開玩笑的人。」

古人直播室

此時此景，我想起了我那首〈水調歌頭〉，趁著直播，向大家送上祝福。

明月幾時有，把酒問青天。不知天上宮闕，今夕是何年？我欲乘風歸去，又恐瓊樓玉宇，高處不勝寒。起舞弄清影，何似在人間！

轉朱閣，低綺戶，照無眠。不應有恨，何事長向別時圓？人有悲歡離合，月有陰晴圓缺，此事古難全。但願人長久，千里共嬋娟。

後人敬仰蘇軾、愛戴蘇軾，或許七分因為他的才華，三分則來自他溫潤敦厚的品性與智慧。但你可能想不到，蘇軾在「帶貨」上也是一絕，即便是今天，他也絕對是一流的「帶貨達人」，還是不用多說，就讓人心甘情願掏錢買單的等級。

這得從蘇軾任官說起。當時，他在杭州擔任通判，輔佐州郡長官處理政務，主要任務包括協助審理案件。某天，一名商人遞來訴狀，控訴遭人拖欠款項。蘇軾仔細詢問之下，原來這名商人去年借了一筆錢給友人張二，約定三個月後還清，不料一年過去了，錢仍未追回。商人大吐苦水，稱家裡因此山窮水盡都沒錢開火了，不得已才來告狀。聽完訴狀，蘇軾立刻派人傳喚張二到堂。一見到此人，才發現是個瘦骨嶙峋的老漢，衣衫襤褸，顯得落魄至極。還未開審，蘇軾已然動了惻隱之心。

張二倒也坦率，直言欠款之事屬實，但他眼下並無能力償還。他同時訴說起自己的淒涼境遇：當初借款來做扇子生意，心想當老闆總比打工強。然而，天有不測風雲，扇子製作出來後，卻遇上了連綿的陰雨天，這種天氣誰需要扇子呢。就這樣，扇子高高堆在一旁賣不出去，不僅沒賺到錢，連本錢都賠光了。

聽完了這段運氣欠佳的創業經歷，蘇軾不禁嘆了口氣。

但蘇軾迅速提出了對策。他安慰張二，並提議，與其將扇子堆在家生灰塵，不如送來衙門抵押貨款，而且，蘇軾或許能想辦法幫他兜售。張二對此半信半疑，但仍懷著一絲希望，將扇子帶到了衙門。

蘇軾拿到扇子後，決定施展他的「帶貨功力」。他先讓人將扇子整齊地擺放在案几上，接著取來文房四寶，隨後親自動筆，在扇子上作畫題字。

他想起暢遊西湖時所神往的湖光山色，並於觥籌交錯間文思飛揚，揮毫寫下了傳誦千古的〈飲湖上初晴後雨〉：「水光瀲灩晴方好，山色空蒙雨亦奇。欲把西湖比西子，淡妝濃抹總相宜。」這首名作被題於扇面的瞬間，一把平凡無奇的扇子就此成了藝術品。

要知道，蘇軾可是當時赫赫有名的大文豪，無論書法、畫作可謂一字難求。因此，這一把把「蘇軾獨家落款」的墨寶扇成了「超值限量款」。寫畫完畢後，蘇軾還特意叮囑老人，兜售時別忘了搬出他的名字。

果不其然，扇子一推出，打出蘇軾的名號，銷售火爆至極。原本無人問津的扇子，因為蘇軾的字畫而人人瘋搶，轉眼間銷售一空。老人不僅成功回本，還大賺一筆，迅速還清了債務。

蘇軾這一招，將名人效應發揮到了極致。他利用自己的知名度，讓平凡無奇的扇子搖身一變成了稀世珍品。這讓人聯想到二十世紀初大企業首次使用影星照宣傳的廣告策略，由此拉開了名人代言的序幕。然而，早在近千年前，蘇軾就已將這套「名人效應」玩得爐火純青。

在大家眼裡，這些扇子不僅僅是普通的扇子，其價值在蘇軾動筆後扶搖直上。有幸買到扇子的民眾，無形中還擁有了一個共同的身分標籤：蘇軾藏家。甚至毫不誇張地說，即便買來再轉手賣出，也能小賺一筆。

蘇軾不僅懂文創，還是個「美食網紅」。而他推銷的不是別人的產品，正是他自創的東坡肉。

故事要從宋神宗元豐三年（西元一〇八〇年）說起，那一年，蘇軾再次被貶，沒錯，再次。雖說他已是歷經滄桑的大文豪，內心仍免不了鬱鬱寡歡。為了排解苦悶，他一邊四處遊歷名勝古蹟，一邊潛心研究美食。當然，他這次進廚房可不是單純為了滿足口腹之欲，而是要拯救黃州土豬肉的市場。

當時，豬肉在老百姓的心目中簡直是「垃圾食品」，根本不能與牛肉、羊肉相比。吃豬肉？那可是窮人迫不得已的選擇。於是，蘇軾決心讓豬肉從美食界底層翻身。他在廚房裡一遍又一遍測試配方和烹飪方法，終於，豬肉在他的手中化腐朽為神奇。

不僅如此，產品要賣得好，少不了好文案。不過，這對於文豪來說只是小菜一碟。他揮筆一首〈豬肉頌〉，句句洋溢著常民生活的氣息，同時琅琅上口：「淨洗鐺，少著水，柴頭罨煙焰不起。待他自熟莫催他，火候足時他自美。黃州好豬肉，價賤如泥土。貴者不肯吃，貧者不解煮，早晨起來打兩碗，飽得自家君莫管。」

這樣的廣告詞，誰看了不心動？一塊沒沒無聞的豬肉，在蘇軾的妙手和文采下，一躍成為黃州的美食名片。

這首小詞中，還簡明扼要地介紹了烹飪三步驟：第一，準備一個乾淨的鍋子；第二，在鍋裡倒入足量的水；第三，燒柴火。他還特別提醒，火不能太旺，得控制好火候，最好是沒有火苗的虛火，就這樣慢慢燉煮，耐住性子，燉肉上多花些時間肯定值得。蘇軾每天早上都會吃上兩碗，香噴噴，肥而不膩，肚腩大大滿足。在他的引領下，「東坡肉」一飛沖天，後來更推廣至全國，成為名滿天下的佳餚。

雖說直播帶貨有效，蘇軾還是很注重打廣告，畢竟酒香也怕巷子深，好東西還是需要公諸於眾。他被貶到海南島的時候，偶然遇見了一個賣饊子的老婦人，只見老婦人滿面愁容，原來是叫賣了一整天，客人卻怎麼也不上門。他了解情況之後，分析產品，仔細評估受眾，隨即寫了一首廣告詩：「纖手搓來玉色匀，碧油煎出嫩黃深。夜來春睡知輕重，壓扁佳人纏臂金。」你瞧，在你面前的已經不是無人問津的饊子，匀細、色鮮、酥脆，此生若不嘗一口終身遺憾。蘇軾叮囑老婦人貼在店門口，就這樣，在大師一則廣告文的加持下，老婦人的饊子成了「網紅」打卡美食。

採訪側記

記者：蘇老您好，聽說您最近直播團購成績斐然，能否向我們傳授一些訣竅？

蘇軾：哪有什麼訣竅，關鍵是名氣。

記者：除了名氣呢？

蘇軾：還是名氣。

記者：……

蘇軾：別停啊，你接著問。

記者：除了名氣，沒有其他因素嗎？

蘇軾：有名氣就夠了。

記者：嗯……看來採訪也差不多該……。

蘇軾：好了，家裡還等著我回去燉肉呢。

【知識大補帖】

◉烏臺詩案：烏臺詩案發生於宋神宗元豐二年（西元一〇七九年），御史何正臣等人上表彈劾蘇軾，奏蘇軾移知湖州到任後，在謝恩的上表中，用語暗藏譏刺朝政，並以蘇軾創作的大量詩文為證。這起案件先由監察御史告發，後在御史臺獄受審。據《漢書‧薛宣朱博傳》記載，御史臺中有柏樹，野烏鴉數千棲居其上，故稱御史臺為「烏臺」，亦稱「柏臺」。「烏臺詩案」由此得名。

◉唐宋八大家：又稱「唐宋散文八大家」，分別為唐代韓愈、柳宗元和宋代歐陽修、蘇洵、蘇軾、蘇轍、王安石、曾鞏八位。其中韓愈、柳宗元是唐代古文運動的領袖，歐陽修、三蘇（蘇洵、蘇軾、蘇轍）等四人是宋代古文運動的核心人物，王安石、曾鞏則是臨川文學的代表人物。他們在各自的時代掀起古文革新浪潮，詩文從而得到煥然一新的發展。

宋徽宗

書畫班，報我的就對了

直播主小檔案

姓名：趙佶（西元一〇八二～一一三五年）
暱稱：宋徽宗
性別：男
主要成就：剿滅方臘農民起義、創立「瘦金體」
IG：@ 天下一人（追蹤者千萬＋）
YouTube：徽宗的極品文青生活（訂閱者千萬＋）
LINE 個性簽名：帝城春色誰為主，遙指鄉關涕淚漣
屬性：天下第一器物收藏君主、亡國代言人
愛好：琴棋書畫、詩詞歌賦

成為皇帝之前，趙佶是人人稱羨的超級富二代，貴為王爺，吃穿用度自然非常人所能企及。而且，他不僅有錢，還有閒，不用上班，手握大把時間，全用來揮霍在自己的愛好上。

趙佶熱愛藝術，並且擁有極高的藝術天賦。如果他的人生軌跡一直停留在做王爺上，大概會是世上最幸福的人之一。然而，命運卻為他安排了一條皇帝之路。他原是宋哲宗的弟弟，因哲宗未留下子嗣，趙佶便成了皇位的不二人選。他得知自己即將登基的消息時，還在和朋友踢足球，就這樣糊里糊塗成了一國之君——宋徽宗。

宋徽宗或許是一位頂尖的藝術家，但絕不是個合格的國君。他對藝術的痴迷讓他迷失在自己的興趣中，為了滿足一己之樂，他大興土木，揮霍無度，導致百姓怨聲載道。這近二十年的揮霍，讓大宋王朝元氣大傷，民間紛紛響應起義，從宋江到方臘，各地烽火不斷。

靖康元年，金兵犯境，汴梁城岌岌可危。宋徽宗眼看情勢不妙，選擇當了甩手掌櫃，急忙將皇位傳給兒子趙桓，也就是後來的宋欽宗。然而，次年金人攻破汴梁，趙佶與趙桓兩位皇帝雙雙被擄，後宮的嬪妃和女眷也大都遭遇慘烈的命運。這一切，無不令人唏噓。

古人直播室

人人都說我是個不務正業的君主，這話沒錯，但我除了不愛當皇帝，興趣倒是很多元，只要覺得有趣，我都會傾盡全力。我看直播室的各位可能已經很少提起毛筆了吧，我就趁機展示一下我名垂青史的瘦金體〈棣棠花〉，讓大家回憶起書法的美好。

宋徽宗的前半生平穩順遂，生活一片祥和，這得益於澶淵之盟的保障。他登基後，也試圖有一番作為。上任之初，他著手平息派別之爭，提供那些在變法中受到迫害的人重新施展抱負的機會，其中便包括蔡京等人。他迅速頒布新政，短期內贏得了一波讚美，被稱道「徽宗之初政，粲然可觀」。

不過，治理國家並非宋徽宗的強項，真正讓他名垂青史的是他的藝術造詣。

某日，汴京上空出現了一場罕見奇觀——雲氣飄浮，群鶴飛鳴。兩隻疲累的白鶴停落在宣德門左右兩側的鴟吻上休息。這景象讓宋徽宗欣喜若狂，在他眼裡，這並非尋常景致，而是國運昌盛的象徵。他立刻拿起筆，將這一幕記錄下來，誕生了傳世名作《瑞鶴圖》。

宋徽宗酷愛繪畫，但只靠自己畫怎麼過癮？他索性開設了書畫院，創建了宋朝第一所官方藝術高校。他親自授課指導，十七歲的王希孟就在他的點撥下，創作了名畫《千里江山圖》。名師出高徒，而這位名師還是當朝皇帝，若是宋徽宗開設繪畫班，恐怕全宋朝的家長都會爭相將孩子送進去，這不正是帶貨的最高境界嗎？

除了畫畫，宋徽宗對書法同樣情有獨鍾。他從臨摹開始，但一不小心就超越了原作，還因此開創了自己的獨特風格——瘦金體。每一筆一畫，似乎都在展現他的個性與才情。

宋徽宗愛屋及烏，對能寫一手好字的蔡京尤為賞識。而蔡京這位八十多歲的老臣也非常懂皇帝心思，時不時就勸宋徽宗享受生活，宣稱皇帝就該擺脫束縛。這些話，宋徽宗是一字不落地記在了心裡。

愛畫畫，他創辦高等學府；愛書法，他獨創字體；愛鳥，他甚至專門修建宮殿，給小鳥們一個溫暖舒適的家。前兩個愛好還算有些成就，但修築鳥宮，直接惹怒了不少大臣批評他玩物喪志。然而，面對群臣的激烈攻訐，宋徽宗只是置之一笑，不以為意。

接著，他又有了更「狂」的舉動。因為想看山水，可汴梁地處華北平原，既沒山也沒水，那怎麼辦？宋徽宗不假思索地說：「沒有山，那就造山！」於是，皇家園林「艮嶽」正式動工。

艮嶽的設計理念非常清晰：一座以山水為主題的園林。既然是造山，就少不了石頭。於是，「瘦漏皺透」的太湖石被選中。然而，運石的過程卻成了百姓的噩夢。一塊太湖石往往高達三四丈、重達四五噸，當時沒有機械，全靠人力搬運。石頭千辛萬苦地搬上船，運輸途中但凡遇到橋梁或閘門，為了讓運石的船通過，一律拆除再重建。這一拆一建，影響民生巨大，少不得怨聲載道。

後來，太湖石不夠用，為了討皇帝歡心，有人建議在全國搜羅奇石，史稱「花石綱」。結果，百姓苦不堪言，民怨沸騰。元代宰相脫脫不禁感慨：「宋徽宗諸事皆能，獨不能為君耳！」換句話說，他什麼都能做得很好，唯獨不是當皇帝的料。

然而，撇開治國不談，宋徽宗在藝術方面的天賦毋庸置疑。若是在今天，他可能是個頂尖藝術家，一開繪畫或書法直播，直播室瞬間擠爆。只可惜，他走上了一條不適合的路，最終成了歷史長河中引人嘆息的一段插曲。

採訪側記

記者：徽宗您好，粉絲們都很好奇，在您心目中，哪一幅畫可以算得上是世界第一？

宋徽宗：要我說，在我心目中，王希孟的〈千里江山圖〉算第一。

記者：哈哈哈，粉絲還猜測您會覺得自己的畫是第一呢。

宋徽宗：我看起來是這種自大的人嗎？

記者：這倒不會。那為什麼〈千里江山圖〉是您眼中的第一呢？

宋徽宗：因為小王是在我的指導下畫出來的，我與有榮焉。
記者：哈哈……（看來還是滿自負的呢）

【知識大補帖】

◉ 澶淵之盟：澶淵之盟是北宋和遼國歷經二十五年戰爭後締結的盟約。此後，宋遼兩國百年間不再有大規模戰事，禮尚往來，通使殷勤，雙方互使達三百八十次之多。遼國邊地發生飢荒，北宋也會派人在邊境賑濟，宋真宗崩逝消息傳來，遼聖宗亦「集蕃漢大臣舉哀，后妃以下皆為沾涕」。

◉ 靖康之難：指靖康二年（西元一一二七年）金軍南下攻取北宋首都東京，擄走徽、欽二帝，導致北宋滅亡的歷史事件。

陸游

做貓奴的快樂，你懂嗎

直播主小檔案

姓名：陸游（西元一一二五～一二一〇）

暱稱：放翁

性別：男

主要成就：南宋詩人之冠，飽含愛國熱情的詩作對後世影響深遠

IG：@ 陸阿瑪的後宮生活（追蹤者千萬＋）

YouTube：陸阿瑪的後宮生活（訂閱者千萬＋）

LINE 個性簽名：六十年間萬首詩

屬性：愛國貓奴詩人

愛好：擼貓、烹飪

陸游，這位「六十年間萬首詩」的大詩人，無疑是中國文學史上高產榜單中的翹楚。他的詩風兼具李白的雄奇奔放與杜甫的沉鬱悲涼，情感深沉激越。這或許與他的時代背景息息相關。他生於北宋滅亡之際，目睹國家風雨飄搖，因而詩中飽含愛國之情。即便如此，他的仕途卻坎坷不平，難掩憂懷，而這一切多因秦檜的阻撓所致。

然而，這位表面看起來悲憤的大詩人，卻是個名副其實的「貓奴」！不僅如此，他還是一位對美食懷抱極高熱情的「美食家」。不僅精於品味，更擅長動手烹調。如此筆耕不輟的愛國詩人，竟是一位沉迷萌寵與美食的生活家，這樣的反差，實在讓人出乎意料。

古人直播室

本來想帶我們家的貓貓過來，但牠們只想賴在家裡睡覺。那麼，我今天就來朗誦一首對我而言意義非凡的詞吧。這是我寫給我元配的作品。我們本來彼此相愛，可惜被迫分開，後來，我們在禹跡寺南沈園偶遇，我一顆沉寂已久的心又因而躁動起來。

〈釵頭鳳．紅酥手〉

紅酥手，黃縢酒，滿城春色宮牆柳。東風惡，歡情薄。一懷愁緒，幾年離索。

錯、錯、錯。
春如舊，人空瘦，淚痕紅浥鮫綃透。桃花落，閒池閣。山盟雖在，錦書難託。莫、莫、莫！

何為人生贏家？大概是貓狗雙全吧。

陸游心繫家國，時時懷抱著憂國憂民的情懷，對國家和百姓的命運念念不忘。唯有在擼貓時，他才能稍微放鬆片刻。據《禮記》記載，早在古代便有關於貓的紀錄：「臘日迎貓以食田鼠，謂迎貓之神而祭之。」每逢臘月，百姓都會舉行迎貓祭天的儀式。那時的貓，不僅風光無限，更被尊奉為「貓神」。之所以能登上神位，主要因為貓擅長捕鼠，而這項技能關係著農田收成，對農民而言極其重要。

農民需要貓，讀書人同樣離不開貓。這又得從老鼠說起，這種「小傢伙」無論走到哪兒都不受歡迎，尤其愛啃書，導致許多書籍損壞不堪。為了保護珍愛的書籍，養貓便成為文人墨客的一大需求。到了宋朝，貓的地位進一步提高，真正成了「主子」。吳自牧在《夢粱錄》中便記載道：「凡宅舍養馬，則每日有人供草料。養犬，則供餳糠。養貓，則供魚鰍。養魚，則供蟣蝦兒。」這一紀錄充分展現了當時貓奴的日常生活。

在眾多貓奴之中，陸游無疑是一位傑出的代表。

說到陸游，許多愛詩人肯定記得他的名句：「僵臥孤村不自哀，尚思為國戍輪臺。夜闌臥聽風吹雨，鐵馬冰河入夢來。」詩中所塑造的戎裝戰士形象，將讀者瞬間帶入邊疆戰場的壯烈畫面。然而，在這首詩的另一部分，卻又呈現出截然不同的情景：「風捲江湖雨暗村，四山聲作海濤翻。溪柴火軟蠻氈暖，我與狸奴不出門。」風雨雷電交加之際，他化身為一名悠閒的宅男，裹著溫暖的氈毯，懶洋洋地烤著火，懷裡擼著貓，滿是溫馨與愜意。這前後的對比，讓人感受到兩種截然不同的情懷與人生。

為了號召大家一起擼貓，陸游可是煞費苦心，一枝筆沒閒著，先後為貓咪寫了許多首詩，包括〈嘲畜貓〉、〈贈貓〉、〈得貓於近村以雪兒名之戲為作詩〉、〈贈粉鼻〉、〈鼠屢敗吾書偶得狸奴捕殺無虛日群鼠幾空為賦此詩〉等。在他的筆下，貓咪極盡可愛，「似虎能緣木，如駒不伏轅。但知空鼠穴，無意為魚餐」，說貓咪愛爬樹、愛捉老鼠，吃得少還愛幹活。

坐聽雨聲時，陸游會說：「我老苦寂寥，誰與娛晨暮？狸奴共茵席，鹿麛隨杖屨。」寂寞是什麼東西？我可沒有，因為我有貓咪陪著我。他為自己的愛貓取了名字，分別是小於菟、雪兒和粉鼻，在他眼中，牠們將陪伴他一生一世。

陸游是個熱愛川菜的紹興人，而且還長於養生。他賣力推薦的薏米粥，非常值得大家加入購物車。

在〈冬夜與溥庵主說川食戲作〉中，他寫道：「唐安薏米白如玉，漢嘉栮脯美勝肉。

大巢初生蠶正浴，小巢漸老麥米熟。龍鶴作羹香出釜，木魚瀹菹子盈腹。未論索餅與饌飯，最愛紅糟並缹粥。東來坐閱七寒暑，未嘗舉箸忘吾蜀。何時一飽與子同，更煎土茗浮甘菊。」

陸游在高齡八十五歲去世，這在古代堪稱長壽。他的養生之道就在一碗養生薏米粥之中，「世人個個學長年，不悟長年在目前。我得宛丘平易法，只將食粥致神仙。」不過是簡簡單單的一碗粥，在銀髮名詞人的代言下，輕鬆成為延年益壽聖品。

採訪側記

記者：陸大人，最近又領回了幾隻貓主子呢？

陸游：沒有，目前家裡的主子已經讓我夠卑微的了。

記者：粉絲紛紛留言，都說您為愛貓取的名字超可愛，希望您也幫他們的貓主子取名字。

陸游：好啊，小白、小黃、小黑、小白黃、小黑白……。

記者：小白、小黃、小黑還能理解……小白黃、小黑白又是什麼意思？

陸游：就是身上有白毛、也有黃毛，有黑毛，亦有白毛啊。

記者：為什麼您的就叫於菟、雪兒和粉鼻，別人的卻……。

【知識大補帖】

◉秦檜：南宋初年宰相，在朝中屬於主和派，奉行割地、稱臣、納貢的議和政策。二度拜相期間，極力貶斥抗金將士，阻止恢復國土；同時結納私黨，斥逐異己，屢興大獄，是中國歷史上著名的奸臣。

◉《夢粱錄》：宋代吳自牧所著的筆記，共二十卷，內容介紹南宋都城臨安城市風貌。

◉陸游與唐琬：陸唐兩家皆為官宦世家，據說陸游曾以一支精美的鳳釵作為信物與唐琬定親。唐琬比陸游小三歲，是個貌美的才女。陸游與唐琬婚後感情甚篤。不料，夫妻倆濃情蜜意的閨房生活引起陸母不滿，陸母認為唐琬使陸游耽於情愛，誤了前程，並且進門一年未有孕，遂命兒子休了唐琬。陸游曾另築別院安置唐琬，卻被其母察覺，又命陸游另娶王氏為妻。王氏婚後一年便生下一子，四年中共生三子。多年後，陸游遊覽沈園，正巧遇到唐琬夫婦也在園中。唐琬徵得丈夫趙士程同意，上前向陸游敬酒一杯。陸游飲罷，一說在家中，又說在沈園題下〈釵頭鳳〉一詞。

第五章

【明清時期】KOL養成術大公開

鄭和

七次下西洋的海外專業代購

直播主小檔案

姓名：鄭和（西元一三七一～一四三三）
暱稱：馬三保
性別：男
主要成就：七次下西洋，完成十五世紀初葉世界航海史的空前壯舉
IG：@ 明代航海王（追蹤者千萬＋）
YouTube：明代航海王（訂閱者千萬＋）
LINE 個性簽名：穿越大洋去愛你
屬性：航海家、外交家
愛好：海外代購

鄭和，雲南人，原名馬三保，後因戰功卓著，獲明成祖朱棣賜姓「鄭」。由於太監的身分，後人也尊稱他為「三保太監」。沒錯，他是一名太監，但同時是一位名垂青史的航海家與外交家。

鄭和自幼天資聰穎，加上勤奮好學，命運似乎早已注定他將成就一番非凡的事業。而這份成就，與家庭的薰陶密不可分。他的祖父與父親信奉伊斯蘭教，曾長途跋涉前往麥加朝聖。從小耳濡目染於長途航海的故事，使鄭和對遠航充滿憧憬。

然而，命運的轉折在他十一歲時不期而至。明太祖朱元璋派傅友德與藍玉遠征雲南，兩人不到半年便征服全境，鄭和也因此成為戰俘。更令人心痛的是，他被閹割，從此改變一生。起初，鄭和隨傅友德的軍隊進入南京，進宮服役，後又調入燕王府邸，得以結識當時的燕王朱棣。這番際遇為鄭和的人生重新開啟了一扇門。他憑藉機智與忠誠，深受朱棣器重，成為貼身侍衛。靖難之役中，鄭和因功受封，並正式獲賜姓「鄭」，從此開啟嶄新的人生篇章。

鄭和七次下西洋，開創中外交流的新紀元。他不僅加強與海外各國的聯繫，更帶回了許多稀世珍寶，如長頸鹿、胡椒、燕窩等，可謂是一流的海外代購達人。他的航海事業與帶貨能力，至今仍為後人津津樂道。

古人直播室

我行事低調，只代購，不唱歌，先離開直播室了，謝謝大家。

長頸鹿是怎麼來的？原來是鄭和下西洋時帶回來的！不過，這背後其實藏著一段美麗的誤會。眾所周知，麒麟是傳說中的神獸，與「龍」、「鳳」、「龜」、「貔貅」並列為五大瑞獸。當時鄭和下西洋，將一隻「麒麟」意氣風發地帶回中原，事實上，這隻所謂的「麒麟」並不是真正的神獸麒麟。真相是這樣的：麻林國將這隻動物送給鄭和時，稱牠為「基林」，然而，鄭和對當地的語言並不熟悉，可能因此誤以為眼前就是傳說中的「麒麟」。而實際上，這隻「麒麟」是一隻長頸鹿。

說起胡椒，雖然每餐不見得都會用上這種香料，但每個人的廚房裡多少都有一罐。然而，在唐朝，胡椒可是達官貴人才消費得起的奢侈品。一般老百姓若想嘗上胡椒的滋味，恐怕得砸鍋賣鐵才行。不過，在鄭和下西洋後，胡椒及其種子隨船隊一同被帶回國內，胡椒逐漸普及，從過去的奢侈品，變成今日人人負擔得起的日用品。

燕窩是當之無愧的滋補聖品。比如一些女性每天將燕窩當飯吃，希望能美容養顏；又比如懷孕的準媽媽們堅信每天吃燕窩，肚子裡的寶寶會更加白淨健康，抵抗力也會大大提升。這就是燕窩——有錢人捧著吃，沒錢人夢著吃。鄭和能將燕窩帶回來，還得歸功於一場意外。當時，他的船隊抵達一座小島補給休息，偶然間發現幾隻外貌特殊的燕子築巢。一名好奇的船員摘下一個巢試著嘗了嘗，結果一試驚豔，據說吃完後整個人都變得容光煥發。

採訪側記

記者：鄭大人，好久不見，最近又上哪兒代購好東西了？

鄭和：我正準備再去西方走走。

記者：您認識張騫嗎？

鄭和：認識啊，也是直播代購的同行。

記者：他代購，您也代購，您覺得誰的貨更有吸引力？

鄭和：你這問題太敏感了。

記者：（尷尬而不失禮貌的微笑）我就隨口問問。

鄭和：我的貨更有吸引力吧。我也隨口說說。

【知識大補帖】

◉西洋：如今泛指西方國家，多指歐洲、美國、加拿大、澳洲和紐西蘭。在古代，則是中原以自身為中心的地理概念。最早出現於五代，不同時代其意義不盡相同。與之相對應的還有東洋、南洋等概念。南洋指東南亞，東洋指日本。

◉傅友德：明代開國名將。元末時參加紅巾軍起義，後率部歸順朱元璋，屢立戰功，從偏裨升為大將，多次帶兵大勝元軍，平定甘肅、四川、貴州、雲南亂事，冊封潁國公。

◉藍玉：明代開國名將。勇敢善戰，屢立戰功。於明太祖第六次北伐時大破北元軍隊，名震天下。

◉朱棣：明太祖朱元璋第四子，建文帝朱允炆的叔父，在位二十二年，年號「永樂」。建文帝即位後，厲行削藩，朱棣以奉天靖難為名，發動靖難之役，起兵攻打建文帝。於建文四年（西元一四〇二年）攻破南京。即位後，政治上延續削藩政策，加強中央集權；改革官制機構，設置內閣和東廠；為加強對北方的控制，遷都北京。外交上，委派鄭和下西洋，加強中外友好往來。文化上，修《永樂大典》。統治期間，經濟繁榮，國力強盛，史稱「永樂盛世」。

朱瞻基

來看一代明君鬥蟋蟀

直播主小檔案

姓名：朱瞻基（西元一三九九～一四三五年）
暱稱：促織天子
性別：男
主要成就：平定朱高煦叛亂，促成「仁宣之治」盛世，具有極高的書畫造詣
IG：@ 促織天子（追蹤者百萬＋）
YouTube：天子玩樂玖肆狂（訂閱者百萬＋）
LINE 個性簽名：該認真就認真，該玩樂就玩樂
屬性：明朝最會玩的天子
愛好：鬥蟋蟀、獵鷹、繪畫等

朱瞻基的爺爺是明成祖朱棣，父親是明仁宗朱高熾，他是明朝的第五位皇帝，年號「宣德」。然而，除了帝王身分，你可能意想不到，他還是一位才華橫溢的書畫家。

從小，朱瞻基就展現出過人的天資，頗得爺爺朱棣的寵愛，甚至被寄予厚望。一四二五年，明仁宗朱高熾駕崩，朱瞻基迅速從外地趕回京城繼承皇位。登基後，他治國十餘年，文能提筆安天下，武能上馬定乾坤，不僅體恤百姓，還善於起用賢臣。他推行的一系列舉措，大幅促進社會經濟的繁榮，與父親明仁宗的統治時期被後人稱為「仁宣之治」。

朱瞻基是一位稱職的皇帝，並憑藉個人才華贏得「好聖孫」的美譽。可惜他英年早逝，讓人扼腕。更令人遺憾的是，他未能培養出一位足以承擔大任的繼承者，為明朝的未來埋下隱憂。

古人直播室

雖然想讓大家看我鬥蟋蟀，但其實我在書畫方面造詣頗深，不僅擅長畫山水、人物、走獸、花鳥、草蟲等，幾乎可與宋徽宗相媲美，書法圓熟中透著遒勁，自成風格。我就來寫一幅字，提供給今天直播室裡的粉絲們抽獎吧！

朱瞻基無疑是幸運的。相較於爺爺朱棣和父親朱高熾這兩位終日操勞的帝王，他在勤勉處理政務之餘，還擁有充裕的時間來享受生活。這樣的條件，加上他本身追求新鮮刺激的個性，讓他過上了尚稱隨心所欲的帝王生活。

朱瞻基熱愛足球、狩獵、書畫，而其中最為人津津樂道的，便是源於興趣的外號——促織皇帝。《明朝小史》中記載：「帝酷好促織之戲，遣取之江南，其價騰貴，至十數金。」促織，就是蟋蟀，又稱夜鳴蟲、將軍蟲、秋蟲等。這種古老的物種已在地球上生存超過一億四千萬年，而鬥蟋蟀更演變為一種庶民的娛樂活動。

行家往往從蟋蟀的外形就能判斷其實力。例如，好的蟋蟀不會出現「四病」：仰頭、捲鬚、練牙、踢腿；外觀顏色也是評判標準，簡言之：「白不如黑，黑不如赤，赤不如黃。」

朱瞻基對促織之戲的狂熱可謂達到了瘋狂的地步，甚至不惜派人遠赴江南尋找上等蟋蟀。在他的推動下，蟋蟀的價格一路飆升，甚至高達十多金。對普通百姓而言，這樣的奢侈消遣無疑是難以想像的。

朱瞻基派人前往江南尋找蟋蟀，可不是隨隨便便動了念頭，而是深思熟慮後的決定。江南自古以來就是鬥蟋蟀文化的發源地，若想找到勇猛善鬥的蟋蟀，自然不能錯過江南。況且，難得幫皇帝找蟋蟀，能夠只帶幾隻回去嗎？至少得尋回上千隻才算合格。於是，連當地官員也被迫一塊動起來，在公務之餘為皇帝搜羅上等蟋蟀。

歷史上，鬥蟋蟀有著悠久的歷史，但將這項活動推向高潮的，非朱瞻基莫屬。他不僅自身沉迷其中，還常領著大臣一起玩，並要求眾臣子搜羅好蟋蟀來挑戰。面對這樣的皇帝，大臣們只能硬著頭皮陪玩，一時間，朝野上下掀起了鬥蟋蟀的風潮，連老百姓也紛紛效仿。於是，鬥蟋蟀成為明宣宗時期最流行的民間娛樂。那段時期，若誰說自己不會鬥蟋蟀，恐怕會被認為落伍了。

當時還發生了一則憾事。一名男子偶然覓得一隻堪稱「蟋蟀王」的佳物，因囊中羞澀，只好以家中的駿馬作為交換，將蟋蟀帶回家。不料，他的妻子出於好奇，偷偷打開籠子，竟讓蟋蟀跑了。突如其來的鉅額損失讓妻子大驚失色，最終因內疚而選擇結束自己的生命。由此可見，當時人們對蟋蟀的狂熱。

朱瞻基雖是個好皇帝，但他對蟋蟀的沉迷，也導致了不少勞民傷財的行為，免不了遭受批評。《聊齋志異》的〈促織〉篇便記載了這樣的故事：「宣德年間，宮中尚促織之戲，歲徵民間。此物故非西產；有華陰令欲媚上官，以一頭進，試使鬥而才，因責常供……」故事講述一家人因徵繳促織而受苦的辛酸經歷，深刻揭示了當時橫征暴斂的殘酷現實。

在朱瞻基的眼中，蟋蟀不只是尋常的昆蟲，而是捧在手心的珍寶。他或許不太清楚百姓一日三餐吃什麼，但對於自己的蟋蟀該如何餵養，他可是格外投入，不僅要吃飽，還得吃好。

鬥蟋蟀時，朱瞻基澈底放下皇帝的威嚴，彷彿變回了一個愛玩的少年。三十多歲的他，卻像十三歲的少年般，因蟋蟀的爭鬥而哈哈大笑、雀躍不已。也許正是這份純粹的熱愛，讓蟋蟀文化進一步融入尋常百姓的生活。而皇帝這層特殊身分，更為蟋蟀文化注入了新的生命力。皇帝的熱愛，自然就是臣民的風向球，輕而易舉地讓鬥蟋蟀形成一種全民運動。

採訪側記

記者：皇上吉祥，大家都知道您熱愛鬥蟋蟀，能請教您一個科普小常識嗎？

朱瞻基：請說。

記者：蟋蟀是怎麼發出聲音的呢？

朱瞻基：很簡單，蟋蟀主要利用翅膀與大腿之間的相互摩擦來發聲。牠們會發出有節奏的聲音，而且相當響亮，有時是向同性發出警告，有時則是對雌蟋蟀發出求偶的信號。

記者：原來如此，不愧是蟋蟀達人！

【知識大補帖】

◉朱高熾：即明仁宗，明成祖朱棣長子，明朝第四位皇帝，年號洪熙。洪熙元年（西元一四二五年）五月，朱高熾病入膏肓，不久後離世，傳位長子朱瞻基。

◉仁宣之治：在明仁宗朱高熾和明宣宗朱瞻基共同努力下，藉由一系列息兵養民政策，國家出現空前繁盛的局面，與永樂盛世和宣德時的太平盛世合稱為「永宣盛世」。

鄭板橋

愛竹子的人運氣都不會太差

直播主小檔案

姓名：鄭燮（西元一六九三～一七六六）
暱稱：板橋先生
性別：男
主要成就：「揚州八怪」代表人物，詩書畫世稱「三絕」
IG：@ 難得糊塗（追蹤者千萬＋）
YouTube：愛竹子的老鄭（訂閱者千萬＋）
LINE 個性簽名：四時不謝之蘭，百節長青之竹，萬古不敗之石，千秋不變之人
屬性：清代畫竹第一人
愛好：畫竹

鄭板橋，江蘇興化人，命運坎坷，親人接連離世。幼年時，親生母親因病去世，十四歲時繼母又撒手人寰。直到二十三歲，他才成家立業，在那個年代已算是晚婚晚育。原以為生活終能步入正軌，三十歲時卻遭逢父親去世，三十九歲時妻子也不幸離世。接二連三的打擊，讓他的前半生陷入無盡的苦痛之中。

命運雖殘酷，卻沒能擊垮鄭板橋。他二十歲考中秀才，四十歲成為舉人，四十三歲更進一步，考中進士。一生雖未出任高官，只擔任過山東范縣、濰縣的知縣，但憑藉為民請命的清廉與愛民之心，深受百姓愛戴。然而，面對腐敗的朝廷，他最終選擇辭官回鄉，追求內心的安寧。

除了為官，鄭板橋更是一位卓越的藝術家。他在繪畫、書法、篆刻方面造詣深厚，作品別具一格，以「板橋體」聞名於世。他將文人情懷融入藝術創作，竹石蘭菊之間，滿載著他的人生感慨與不屈精神。正因如此，他在中國藝術史上占據重要的一席。

古人直播室

我是個畫家，最愛畫竹子，竹子在我眼中是有生命的。但直播畫竹太麻煩了，一時半刻也畫不完。其實，我也寫得一手好詩詞，就為大家朗誦一首吧。

〈滿江紅．思家〉

我夢揚州，便想到揚州夢我。第一是隋堤綠柳，不堪煙鎖。潮打三更瓜步月，雨荒十里紅橋火。更紅鮮冷淡不成圓，櫻桃顆。何日向，江村躲；何日上，江樓臥。有詩人某某，酒人個個。花徑不無新點綴，沙鷗頗有閒功課。將白頭供作折腰人，將毋左。

或許是命運多舛的人生經歷，讓鄭板橋格外鍾情於石縫中挺立的竹子。一個是身世坎坷、歷經磨難的畫家，一個是迎著風雨、頑強生長的植物，兩者皆展現出頑韌不屈的風骨。鄭板橋擁有一顆異於常人的堅韌之心，若換作他人經歷這般人生，恐怕早已被壓垮了。

鄭板橋的繪畫風格獨樹一幟，他筆下的竹、蘭、石、梅、松、菊，無一不寄託著他的生命哲學與人格追求。在他眼中，「四時不謝之蘭、百節長青之竹、萬古不敗之石」是他的最愛，而他則立志成為「千秋不變之人」，不斷磨練自己的「倔強不馴之氣」。

鄭板橋對竹子的喜愛，從他的詩句中表露無遺。他說：「唯有竹枝渾不怕，挺然相鬥一千場」，狂風驟雨算得了什麼？竹子依然挺立，毫不退縮。他又說：「千磨萬擊還堅勁，任爾東西南北風」，千般折磨萬般打擊又如何？竹子依舊堅強生長。這些詩句裡無盡的讚美，不僅是對竹子的讚頌，更是對生命的謳歌。

不同於他人筆下的竹子，鄭板橋的竹子「神似坡公，多不亂，少不疏，脫盡時習，秀勁絕倫」。這般境界的達成，離不開天賦與刻苦的結合。鄭板橋自己也說：「四十年來畫竹枝，日間揮寫夜間思。冗繁削盡留清瘦，畫到生時是熟時。」打從少年時代，他便與竹子為伴，將竹影映在白紙上，成為最自然的藝術品。

在日復一日的觀察與揮毫之間，鄭板橋終於達到了「眼中之竹」、「胸中之竹」、「手中之竹」的至高境界。他的竹子不僅在畫紙上茁壯，更在他的生命中扎下深根。

竹子應該怎麼畫，才能畫得好呢？鄭板橋老師說：「不僅要為竹子寫出神韻，也要為它注入生命。瘦勁孤高，乃其神韻；豪邁凌雲，乃其生命；依於石而不囿於石，乃其氣節；落於色相而不滯於梗概，乃其品格。」這幾句話蘊含擬人的手法，鄭板橋認為，想畫得生動傳神，就得將竹子當作有靈魂、有生命的人來對待。

曾發生過一件奇事，讓人見識到鄭板橋的竹子究竟有多傳神。某日，一位朋友邀請他到家中作客，自然少不了請他現場揮毫作畫。朋友喚來兒子幫忙磨墨，孩子乖巧聽話，立刻端來一碗墨汁。但鄭板橋看了直皺眉，心想：「這點墨哪夠用？」於是，他讓朋友的兒子再去多準備一些。

這孩子也算聰明，乾脆提來一整桶墨，心裡嘀咕：「我就不信這一桶還不夠！」見工具就位，鄭板橋直接用手蘸墨，興致勃勃地在牆上揮灑起來。朋友在旁邊看著，心裡卻有些不是滋味：這位大師怎麼畫畫不拿紙，還直接往牆上畫，這成何體統？

但礙於情面，朋友不便多問，只能按捺著心中的不滿。鄭板橋畫完後，滿意地欣賞了一番，便帶著輕鬆愉快的心情離開了朋友家。朋友看著牆上的畫，越看越糾結，卻始終沒動它。

幾日後，朋友的另一位客人來訪，看到牆上的畫時頓時驚嘆不已：「這畫絕對是大師之作！」朋友愣住了，追問道：「怎麼看出來的？」客人回答：「這還不明顯嗎？最近家裡沒發生什麼異常嗎？」

朋友回想了一會兒，忽然想起之前有個雷鳴的夜晚，次日清晨，發現牆下躺著好幾隻死去的麻雀。客人聽了哈哈大笑，「正是因為竹林畫得太傳神了，麻雀以為是真的竹子，想躲雨時一頭撞了上去，才會撞死在牆上！」朋友聽罷，又驚又愧，慶幸自己當初沒責怪鄭板橋。由此可見，在鄭板橋的筆下，竹子不僅僅是竹子，更是充滿生命力的象徵。它不懼嚴寒酷暑，也無畏風吹雨打，永遠挺立著傲然身軀。

採訪側記

記者：鄭老師，向熱愛您的粉絲打聲招呼吧！

鄭板橋：大家好，我是鄭板橋。

記者：在您的推薦下，越來越多人愛上竹子了，您最近畫了新作嗎？

鄭板橋：我每天都畫啊，白天畫，連夜裡做夢時也畫。

記者：您可要多休息。

鄭板橋：哈哈，我喜歡與竹子相伴的時光，看到竹子，我的精神就來了。

【知識大補帖】

◉揚州八怪：清康熙中期至乾隆末年，一群活躍於揚州地區、風格相近的書畫家被稱為「揚州畫派」。其中以金農、鄭燮、黃慎、李鱓、李方膺、汪士慎、羅聘、高翔八人較有名氣。他們多數出身貧苦，清貧度日，但性格清高狂放，以書畫抒發心胸志向，表達真實情感。清代詩人張維屏在《松軒隨筆》中寫道：「板橋大令有三絕：曰畫、曰詩、曰書。三絕之中有三真：曰真氣、曰真意、曰真趣。」

乾隆

盛世帝王帶你去旅行

直播主小檔案

姓名：愛新覺羅．弘曆（西元一七一一～一七九九年）

暱稱：十全老人

性別：男

主要成就：平定準部、回部；反擊廓爾喀；編纂《四庫全書》

IG：@ 憶江南（追蹤者千萬＋）

YouTube：乾隆下江南（訂閱者千萬＋）

LINE 個性簽名：不會旅遊的詩人不是好皇帝

屬性：霸道總裁

愛好：旅行、詩畫、藝術鑑賞

有人評價乾隆是個敗家子，但這種說法未免過於武斷。乾隆在位期間，還是有許多可圈可點的政績。他繼承了康熙皇帝的仁政，積極推進農業發展，使大批荒地成為肥沃良田；同時，他也大力扶持商業，制定一系列恤商政策，促進經濟繁榮。總而言之，在乾隆的治理下，清朝達到了「康雍乾盛世」的巔峰。即便他多次對外用兵、修建大規模工程，國庫存銀卻逐年增加。從這些成績來看，說乾隆是一位明君，絕不為過。

乾隆除了熱愛工作，還是一位儒雅風流的皇帝。他熱中於旅遊、吟詩、品味美食，也十分幽默風趣。據統計，這位帝王一生留下的詩作多達四萬二千餘首，可說是前無古人。乾隆更在全國徵集圖書，編纂為《四庫全書》，為後世留下大量寶貴的文化遺產。無論在政治或文化領域，他的努力都值得後人重新審視與肯定。

古人直播室

我是掌管九州萬方的皇帝，同時，我也是個旅行網紅，要是興致來了，一邊踏青也能信手作詩。這首〈觀採茶作歌〉中，寫的就是我旅遊時的見聞。

前日採茶我不喜，率緣供覽官經理；
今日採茶我愛觀，吳民生計勤自然。
雲棲取近跋山路，都非吏備清蹕處；

無事迴避出採茶，相將男婦實勞劬。
嫩莢新芽細撥挑，趁忙穀雨臨明朝；
雨前價貴雨後賤，民艱觸目陳鳴鑣。
由來貴誠不貴偽，嗟哉老幼赴時意；
敝衣糲食曾不敷，龍團鳳餅真無味。

世界那麼大，想出去走走的不僅是普通老百姓，連日理萬機的乾隆皇帝也不例外。他心心念念的地方，就是江南。六次南巡，他走遍江南的每一個角落，品嘗當地的每一道美食。而且，他並非只是自顧享受，還不遺餘力地充當「帶貨達人」。

江南有太多讓乾隆魂牽夢縈的美味，比如平橋豆腐、文思豆腐、秦園小籠包、車輪餅、賴月月餅……以皇帝的高度來說，他認可的衣食娛樂，老百姓哪敢懷疑？再加上地方官員拍馬奉承，乾隆推薦一款，便爆紅一款。

有一年，乾隆來到杭州，途經盛產西湖龍井茶的獅峰山。或許是身處詩情畫意之地興致所致，他非要親自體驗採茶的樂趣不可。然而，還沒學出多少名堂，宮裡便傳來太后身體歉安的消息，乾隆急忙打道回府，連道別也來不及。

回宮後，他突然聞到一陣若有似無的清香，經過一番尋找，才發現是當時匆忙間隨手放入口袋的茶葉。此刻，葉子已經成了乾茶葉。他用這些茶葉泡了一壺茶，頓時為之驚豔，彷彿打開了茶葉新世界的大門。

一個人是否真正喜歡某樣東西，可以看他是否願意為之投入時間和精力。乾隆對茶葉的喜愛自然不在話下。他御筆一揮，將杭州龍井的十八棵茶樹命名為「御茶」，還特地賦詩一首。如果說在此之前，西湖龍井茶還只是普通百姓的飲品，那麼在乾隆的青睞下，立時成為一茶難求的稀世佳品。

話說回來，西湖龍井有著悠久的歷史。早在唐代，茶聖陸羽撰寫的世上第一部茶葉專著《茶經》中，便記載了杭州天竺寺和靈隱寺出產茶葉的紀錄。西湖龍井起源於宋代，名揚於元代，盛行於明清時期。如今，作為中國十大名茶之一，西湖龍井能享此美譽，乾隆皇帝的大力推廣功不可沒。

乾隆初次造訪天竺寺觀摩採茶，寫下了「地爐文火徐徐添，乾釜柔風旋旋炒。慢炒細焙有次第，辛苦工夫殊不少」，細緻描繪炒茶的過程與工夫之繁。第二次南巡杭州，他目睹茶農辛勤的勞作，深有感觸，題詩道：「前日採茶我不喜，率緣供覽官經理；今日採茶我愛觀，吳民生計勤自然。」詩中寄託了對茶農樸實生活的讚嘆。

到了第三次，他在龍井泉品嚐了以龍井泉水烹煎的龍井茶，讚不絕口地寫下：「龍井新茶龍井泉，一家風味稱烹煎。寸芽出自爛石上，時節焙成穀雨前。」細膩的筆觸，既描繪了龍井茶的品質，也展現出品茶的愜意之情。第四次，他再次發自肺腑感慨：

「清蹕重聽龍井泉，明將歸轡啓華旃。問山得路宜晴後，汲水烹茶正雨前……。」一字一句，皆是他對龍井茶的深情讚美。

西湖龍井之所以能成為乾隆心頭好，自然有其過人之處。它外形扁平挺秀，色澤翠綠，茶香清郁，口感甘醇，素有「色綠、香郁、味甘、形美」四絕之美譽。而在清明節前採製的龍井茶，更被稱為「明前龍井」，又雅號「女兒紅」——「院外風荷西子笑，明前龍井女兒紅。」

常言道，乾隆喜歡憶江南，但其實，他更愛憶西湖龍井。他心心念念的待購清單中，排名第一的正是西湖龍井呢！

採訪側記

記者：皇上吉祥，我每次要去江南玩，都會先複習您的旅遊攻略。

乾隆：有眼光。那麼，看了攻略玩得怎麼樣？

記者：不瞞您說，真的是吃得好、玩得也好，您推薦的地方，我都一一打卡了。

乾隆：我很欣慰！

記者：您近期還會開發新的旅遊路線嗎？

乾隆：最近忙著團購西湖龍井，好一陣子沒出遊了，聽你這麼一說，還真是心動。

記者：等您再出旅遊攻略，我肯定追隨您的足跡出發！

【知識大補帖】

◉康雍乾盛世：清朝的鼎盛時期，在康熙、雍正、乾隆三代皇帝的共同努力下，繁盛時間長達一百三十四年。這段時期，封建體系達到極致，清朝國力富強，百姓安居樂業，經濟、人口都得到空前發展，疆域也最遼闊。

◉陸羽：唐代茶學家，有「茶仙」的美譽，又被尊為「茶聖」，祀為「茶神」。個性幽默，與女詩人李季蘭、詩僧皎然為知交。一生沉迷於茶，精於茶道，唐肅宗上元初年，在苕溪（今浙江湖州）隱居，撰寫《茶經》三卷，具體論述茶的性狀、品質、產地、種植、採製、烹飲、器具等，為世界現存最早、最完整的茶葉專著。

◉《四庫全書》：全稱《欽定四庫全書》，編修於清乾隆時期。在乾隆皇帝的主持下，由紀昀等三百多位高官、學者編撰，近四千人參與抄寫，耗時十三年完成。全書分經、史、子、集四部，故名「四庫」。根據文津閣的藏本，全書共收錄三千四百六十二種圖書，三萬六千餘冊，約八億字。乾隆命人手抄七部《四庫全書》，分別藏於全國各地。率先抄好的四部分藏於紫禁城的文淵閣、遼寧瀋陽的文溯閣、圓明園的文源閣、河北承德的文津閣，即所謂的「北四閣」；後抄好的三部分藏於揚州的文匯閣、鎮江的文宗閣和杭州的文瀾閣，即所謂的「南三閣」。《四庫全書》的編修是一項曠世的文化工程，形同對中國古典文化進行最系統性的全面總結，完整呈現中國古典文化的知識體系。

曹雪芹

螃蟹配燒酒，通體舒暢

直播主小檔案

姓名：曹雪芹（西元一七一五～一七六三）
暱稱：夢阮
性別：男
主要成就：創作中國古典巨著《紅樓夢》
IG：@ 一場幻夢（追蹤者千萬＋）
YouTube：一名小說家的悲劇（訂閱者千萬＋）
LINE 個性簽名：眼看他起朱樓，眼看他宴賓客，眼看他樓塌了
屬性：家道中落的大文豪
愛好：寫作、飲酒、美食、養生、醫藥等

四大名著之一的《紅樓夢》，出自曹雪芹之手。這部洋洋灑灑近百萬字的巨著，將賈寶玉一家子的日常生活描寫得栩栩如生，既展現了乾隆盛世的繁華，又揭示了社會背後潛藏的種種矛盾。或許很多人會好奇：曹雪芹是如何將這部巨著寫得如此逼真？其實，他的靈感源自自己家族和親戚家的親身經歷。

曹雪芹的嗣父曹頫，是曹家最後一任江寧織造主事。原本這烏紗帽戴得穩當，卻因捲入與皇室派別的鬥爭，最終官職丟了，家也被抄了，從此富足優渥的生活一去不返。曹雪芹經歷家族由盛轉衰，從富得流油到窮得叮噹響，從貴族公子到窮苦書生，正是這般巨大的生活反差，讓他寫出了這部曠世名作。不過，《紅樓夢》雖是以家族歷史為素材，但它仍然是小說，而非曹雪芹的自傳。

後來，由於家境貧困，隱居山村的曹雪芹一度放棄寫作。好友敦誠得知後比他還著急，苦苦勸他：「勸君莫彈食客鋏，勸君莫叩富兒門。殘杯冷炙有德色，不如著書黃葉村。」言下之意就是：兄弟，別停筆，繼續寫下去啊！

如今，我們看到的《紅樓夢》通行版本共一百二十回，但許多學者認為，前八十回是曹雪芹所作，後四十回則是由一位不知名的作者續寫，經程偉元、高鶚整理後才合併成現行版本。

那麼，《紅樓夢》到底多紅呢？可以這麼說，自二十世紀以來，專門研究《紅樓夢》思想底蘊和藝術成就的學問逐漸興起，被稱為「紅學」。現代紅學家周汝昌就曾評價道：「《紅樓夢》是一部古往今來、絕無僅有的文化小說。」不得不說，《紅樓夢》絕對擔得起這樣的盛譽。

古人直播室

我不是詩人，只是個小說家。但這首詩，卻是我在寫《紅樓夢》時所寫下的，就在本書最後，為大家朗誦一次吧！

世人都曉神仙好，惟有功名忘不了！
古今將相在何方？荒塚一堆草沒了。
世人都曉神仙好，只有金銀忘不了！
終朝只恨聚無多，及到多時眼閉了。
世人都曉神仙好，只有嬌妻忘不了！
君生日日說恩情，君死又隨人去了。
世人都曉神仙好，只有兒孫忘不了！
痴心父母古來多，孝順兒孫誰見了？

螃蟹究竟多美味呢？北宋大文豪蘇軾一邊嘴著口水，一邊感慨：「堪笑吳中饞太守，一詩換得兩尖團。」想吃卻沒錢？小問題，賣詩換錢就行了。南宋文學家楊萬里擦了擦嘴，也滿足地讚嘆道：「酥片滿螯凝作玉，金穰熔腹未成沙。」瞧這嫩嫩的蟹肉，簡直香得無法形容！

愛吃螃蟹的人不少，但若說到吃得最講究、最讓人眼饞的，還得數曹雪芹。

農曆八月二十，金秋時節，處處洋溢著豐收的喜悅，而最讓吃貨們喜不自勝的莫過於螃蟹肥了。又到了每年一度的品蟹季節。然而，螃蟹雖美味，價格不菲，一般百姓哪能敞開肚皮吃個痛快。

在《紅樓夢》第三十八回〈林瀟湘魁奪菊花詩　薛蘅蕪諷和螃蟹詠〉中，曹雪芹特意安排了湘雲和寶釵邀請眾人吃螃蟹的場景。食蟹、賞花、賦詩，好一幅愜意的場景。至於怎麼吃螃蟹，曹雪芹還真有一套。

他在詩中這樣描寫：

其一：

持螯更喜桂陰涼，潑醋擂薑興欲狂。
饕餮王孫應有酒，橫行公子竟無腸。
臍間積冷饞忘忌，指上沾腥洗尚香。
原為世人美口腹，坡仙曾笑一生忙。

其二：

鐵甲長戈死未忘，堆盤色相喜先嘗。
螯封嫩玉雙雙滿，殼凸紅脂塊塊香。
多肉更憐卿八足，助情誰勸我千觴。
對茲佳品酬佳節，桂拂清風菊帶霜。

為了讓更多人得以品嘗到肥美的螃蟹，曹雪芹費了一番工夫。他滿懷熱情地向粉絲推銷：「走過路過千萬別錯過！來我的直播室，保證買到安心又肥美的螃蟹，火速送到您家！」

曹雪芹不僅熱情地介紹螃蟹，還細心科普了吃螃蟹的正確步驟。比如，吃螃蟹的第一步是什麼？他特意提醒大家，得先辨別雌雄。什麼？吃螃蟹還得分公母？也太講究了吧！

螃蟹分為團臍和尖臍兩種。所謂團臍，指的是蟹肚朝上，蟹臍呈半圓形，這是雌蟹；而尖臍，則是雄蟹。這裡面可是大有學問，正如俗語所說：「九月團臍十月尖，持螯飲酒菊花天。」也就是說，九月吃雌蟹，十月吃雄蟹。

老曹還友情提醒：螃蟹固然美味，但屬寒涼之物，同喝酒一樣，再好也不能貪多。在吃法上，是選擇蒸還是煮呢？這也是吃貨們最關注的問題之一。就地區而言，南方人偏愛清蒸，而北方人更喜歡水煮。此外，還有醉蟹這種吃法，也別有風味。

不得不說，吃螃蟹的確麻煩，尤其是要動手剝開硬殼。但往往越麻煩，越能體現其中的樂趣。明末清初的戲曲家李漁就有過精妙的見解：「凡食他物，皆可人任其勞，我享其逸。吃螃蟹卻不可，旋剝旋食則有味；人剝我食，不僅味同嚼蠟，且不成其為螃蟹了，彷彿是吃別的東西。」螃蟹的美味，其實分為兩部分：一是蟹肉的鮮香，二是親手剝開時的快樂。

那麼，吃螃蟹的最佳搭檔是什麼呢？曹雪芹告訴你，除了經典的薑醋，還有一樣不能少，那就是燒酒。

螃蟹性屬陰寒，若要祛寒，就得搭配姜醋和燒酒一起吃。醋能調味，薑能驅寒。如果你想吃得既美味又健康，薑和醋可謂是居家必備良品。

燒酒的存在，不僅僅是為了調味，也可以祛寒。在曹雪芹的直播室，你不僅能享受到鮮嫩肥美的螃蟹，還能選購他精心推薦的兩款燒酒。

第一款是菊花酒，由菊花、糯米和酒麴釀製而成，被譽為「長壽酒」。說到帶貨賣酒，高手多得是，但曹雪芹的這款菊花酒的確別具一格。它的味道清涼甘甜，功效亦不容小覷。《本草綱目》的作者李時珍都曾為它背書，稱其具有疏風除熱、養肝明目、消炎解毒、延緩衰老等多重功效。不僅如此，中國自古就有重陽節飲菊花酒的傳統，不僅用以祛寒，更寓意祛災祈福，為生活增添美好的祝願。

除了菊花酒，老曹還特別推薦了第二款酒——合歡酒。這款酒的做法非常簡單，只需將合歡樹上綻放的小白花摘下，浸泡在燒酒中，等待片刻便能釀成。與菊花酒一樣，合歡酒同樣具有祛寒的功效，還能安神解鬱，讓人身心舒暢。

採訪側記

記者：大作家，您打算續寫《紅樓夢》第二部嗎？

曹雪芹：死的死，散的散，該有的命運都安排妥了，不會考慮寫第二部。

記者：太可惜了，感覺寶玉和黛玉的故事還沒結束。

曹雪芹：不然你來寫吧。

記者：您太抬舉我了。

曹雪芹：大家都是夢中人啊。別忘了先嚐嚐我推的螃蟹。

記者：好，還得配上菊花酒！

【知識大補帖】

◉ **江寧織造：清朝時專為宮廷供應織品的皇商。乾隆皇帝六次下江南，五次就住在江寧織造府內。那裡的大行宮之稱就是由於康熙和乾隆曾在此住過而得名。據史料記載，曹雪芹於康熙五十年誕生於江寧織造府。江寧織造是內務府設在南京的機構，負責辦理綢緞**

服裝並採買各種御用物品。

◉高鶚：字雲士、行一，號秋甫，別號蘭墅。乾隆五十六年至五十七年（西元一七九一至一七九二年），高鶚應友人程偉元之邀協助編纂出版《紅樓夢》程甲本、程乙本。自胡適考證，紅學界長期認為《紅樓夢》後四十回係高鶚續成。但中國紅學會會長張慶善指出：「高鶚不應該是《紅樓夢》續作者，而是《紅樓夢》最後出版的整理者……《紅樓夢》得以流傳，高鶚是第一功臣。」

Y31

古人直播室 ON AIR
跟著歷史上的超強 KOL 一起瘋團購

作　　者｜吳玲
責任編輯｜鍾宜君
特約編輯｜周奕君
封面設計｜張巖
內文設計｜簡單瑛設
校　　對｜呂佳真

國家圖書館出版品預行編目 (CIP) 資料

古人直播室 On air : 跟著歷史上的超強 KOL 一起瘋團購 / 吳玲著 . -- 初版 . -- 新北市 : 晴好出版事業有限公司出版 : 遠足文化事業股份有限公司發行 , 2025.03
224 面 ; 17×23 公分
ISBN 978-626-7528-69-3 (平裝)
1.CST: 社會生活　2.CST: 生活史　3.CST: 中國
630　　114000927

出　　版｜晴好出版事業有限公司
總 編 輯｜黃文慧
副總編輯｜鍾宜君
編　　輯｜胡雯琳
行銷企畫｜吳孟蓉
地　　址｜231023 新北市新店區民權路 108-4 號 5 樓
網　　址｜https://www.facebook.com/QinghaoBook
電子信箱｜Qinghaobook@gmail.com
電　　話｜（02）2516-6892　　傳　　真｜（02）2516-6891

發　　行｜遠足文化事業股份有限公司（讀書共和國出版集團）
地　　址｜231023 新北市新店區民權路 108-2 號 9 樓
電　　話｜（02）2218-1417　　傳　　真｜（02）2218-1142
電子信箱｜service@bookrep.com.tw
郵政帳號｜19504465（戶名：遠足文化事業股份有限公司）
客服電話｜0800-221-029　　團體訂購｜（02）2218-1417 分機 1124
網　　址｜www.bookrep.com.tw
法律顧問｜華洋法律事務所／蘇文生律師
印　　製｜韋懋實業有限公司
初版一刷｜2025 年 3 月
定　　價｜380 元
I S B N｜978-626-7528-69-3
E I S B N｜9786267528747 (PDF)
E I S B N｜9786267528730 (EPUB)